Gimnasia prenatal
en casa

JUDY DIFIORE

MENS SANA

Para mamá y todas las futuras mamás con las que he trabajado.

Gimnasia prenatal en casa

Título original: *The Pregnancy Exercise Book*
Primera edición: julio 2001
Traducido del original de Carroll & Brown Ltd.
20 Lonsdale Road, Queen's Park, Londres NW6 6RD

Copyright del texto © Judy Difiore 2000
Copyright de las ilustraciones y la compilación © Carroll & Brown Limited 2000

Mens Sana es una marca registrada
de Parramón Ediciones, S. A.

Copyright © para la edición española
Parramón Ediciones, S. A. 2001
Gran Via de les Corts Catalanes, 322-324
08004 Barcelona, España

Traducción: Gemma Andújar

ISBN: 84-342-3023-2

Impreso y encuadernado por Bookprint, S.L., Barcelona, España

Depósito Legal: B-33341-2001

Prohibida la reproducción total o parcial de esta obra mediante cualquier recurso o procedimiento, comprendidos la impresión, la reprografía, el microfilm, el tratamiento informático o cualquier otro sistema, sin permiso escrito de la editorial.

Advertencia:
La autora y los editores no se responsabilizan de ninguna lesión o daño producidos como consecuencia directa o indirecta del uso de los ejercicios y recomendaciones que se ofrecen en este libro. Ante cualquier problema de salud consulte a su médico.

SUMARIO

Prólogo...IV

EL PROGRAMA DE GIMNASIA PRENATAL

Sobre las sesiones de gimnasia...VI
Su cuerpo en proceso de cambio...XIV
Hacer ejercicio con prudencia...XVIII

CALENTAMIENTO

Control de la postura...2
Rotación de hombros...3
Flexión de rodillas...4
Elevación de rodillas...5
Sacar pecho...6
Rotación de brazos...7
Flexión del tronco...8
Movilidad del cuello...9
Movilidad de tobillos...10
Movilidad de pies...11
Caminar sin desplazarse...12
Estiramiento de pantorrillas...13
Estiramiento de cuádriceps...14
Estiramiento de tronco...15
Estiramiento de tríceps...16
Estiramiento de caderas...17
Estiramiento de aductores...18
Estiramiento de pectorales...19
Hacia arriba...20

EJERCICIOS AERÓBICOS

Pasos laterales dobles...22
Elevación lateral de brazos...23
Variaciones de ejercicios de brazos...24
Clavar el talón...25
Estiramiento lateral de punta...26
Elevación de rodillas...27
Flexión de rodillas..28-30
Paso adelante con palmada...31
Caminar a grandes zancadas...32
Estiramiento de la pierna apoyada en la pared...33
Paso lateral doble..34
Subir y bajar steps...35

FORTALECIMIENTO Y TONIFICACIÓN

Elevación de glúteos...37
Flexión de tendones de la corva...38
Flexiones con las piernas separadas...39
Extensión de piernas...40
Elevación de pantorrillas...41
Flexión de bíceps...42
Ejercicios del suelo pélvico...43
Inclinación de pelvis tumbada...44
Elevación de cabeza y hombros...45
Abdominales boca abajo...46
Abdominales a gatas...47
Flexión de abdominales a gatas...48
Tensión de abdominales...49
Flexión a gatas...50
Elevación de hombros...51
Ejercicio de omoplatos...52
Extensión de pectorales boca arriba...53
Elevación del muslo externo...54
Elevación del muslo interno...55

ESTIRAMIENTOS Y RELAJACIÓN

Estiramiento de tendones de la corva...57-58
Estiramiento de aductores sentada...59
Estiramiento de glúteos sentada...60
Estiramiento de pectorales sentada...61
Estiramiento de tríceps sentada...62
Estiramiento lateral sentada...63
Relajación...64-66
Recuperación de la movilidad...67-69
Estiramiento de pantorrillas...70
Estiramiento de cuádriceps...71
Estiramiento de caderas...72
Estiramiento hacia arriba...73

Índice de términos...74

PRÓLOGO

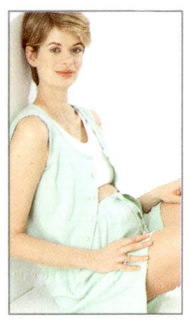

Bienvenida a mi programa de gimnasia prenatal. Lo he diseñado para ayudarle a mantenerse en forma, aumentar la confianza en su cambiante figura y conseguir que se sienta llena de entusiasmo y vitalidad.

Tal vez se pregunte si entraña algún peligro continuar con sus tablas de gimnasia habituales o empezar a hacer ejercicio ahora que está embarazada. Este libro responderá a sus preguntas y le ayudará a hacer ejercicio con seguridad y confianza hasta el alumbramiento. Soy especialista en gimnasia prenatal y tengo años de experiencia enseñando a mujeres embarazadas; por ello poseo amplios conocimientos sobre los cambios y las molestias asociados al embarazo, y soy muy consciente de cómo se sienten las mujeres embarazadas. Mi programa de gimnasia es exhaustivo, pero flexible; incluye alternativas para hacer el ejercicio más sencillo o más intenso, en función de su estado.

Hacer ejercicio de forma regular le ayudará a disfrutar de un embarazo cómodo. Puede mejorar la postura, aliviar la rigidez y las molestias leves, fortalecer los músculos y aumentar la reserva de energía. Los ejercicios le serán de utilidad para controlar el excesivo aumento de peso (si se combinan con una dieta adecuada) y contribuirán a que se relaje y duerma mejor. Es más, mejorará su circulación sanguínea, lo que aliviará molestias como las varices, los calambres en las piernas y el estreñimiento. Y lo que es más importante, el aumento de fuerza y resistencia le permitirá sobrellevar mejor el momento del parto.

Aunque tal vez aún no se haya planteado cómo va a ser su vida después de que nazca el bebé, su cuerpo se recuperará más rápido si hace ejercicio durante el embarazo. Debe disponer de más energía para hacer frente al recién nacido y tener más fuerza para las ocasiones en que los cuidados cotidianos del bebé le obliguen a levantar y a cargar peso repetidas veces. La musculatura abdominal y la del suelo pélvico enseguida recobrarán la fuerza y, si conserva la tonificación y la elasticidad muscular, no le resultará difícil recuperar la forma y la figura previas al embarazo.

Así, pues, ¿a qué está esperando? Para que su embarazo resulte una experiencia maravillosa póngase en marcha, confíe en su precioso cuerpo y, sobre todo, disfrútelo.

JUDY DIFIORE

EL PROGRAMA DE GIMNASIA PRENATAL

Este capítulo contiene todo lo que debe saber acerca del programa de gimnasia antes de empezar a realizarlo. Se inicia explicando cómo hacer ejercicio de manera eficaz y cómo estructurar la sesión de gimnasia para adaptarla a sus necesidades. He incluido cinco minitablas de sólo diez minutos de duración para que puedan adaptarse a cualquier horario, por muy apretado que sea. El capítulo también examina con detalle los cambios que experimentará su cuerpo durante el embarazo y la influencia que tienen en el modo de hacer ejercicio. La parte final proporciona indicaciones para realizar los ejercicios sin riesgos, pone de relieve en qué momento se debe continuar con precaución o parar del todo, y le prepara para entrar en acción.

Sobre las sesiones de gimnasia

Mi programa de gimnasia prenatal consta de cuatro secciones: el calentamiento, que prepara el cuerpo para la actividad física; la sección aeróbica, que le ayuda a ganar resistencia; los ejercicios de fortalecimiento y tonificación, que mejoran la capacidad muscular; y la sección de estiramientos y relajación, que ayuda a reducir la rigidez. Combinadas forman una completa sesión de gimnasia con la que se sentirá como nueva y llena de energía.

HACER EJERCICIO CON EFICACIA

Para mejorar la forma física, debe hacer ejercicios de un nivel más exigente que las actividades habituales de su vida cotidiana. Al modificar la frecuencia, la intensidad, el tiempo y el tipo de ejercicio, su cuerpo aprenderá a adaptarse al nuevo nivel de esfuerzo y el estado físico mejorará o, por lo menos, se mantendrá si ya estaba en forma.

Es importante la **frecuencia** con que realice las sesiones de gimnasia: propóngase completar el programa al menos tres veces por semana, pero no realice más de cinco sesiones semanales. Trate de dejar un día entre las sesiones para que el cuerpo descanse y se recupere.

Asimismo, es importante controlar la **intensidad** de las sesiones para garantizar que tienen el nivel de exigencia suficiente y reportan beneficios físicos.

Se recomienda una sesión de gimnasia de una hora de duración, pero no sobrepase los noventa minutos. Procure no aumentar la duración y la intensidad a la vez: mantenga el mismo nivel de intensidad y prosiga con los ejercicios más tiempo, o bien aumente la intensidad conservando la duración de la sesión.

Un programa de ejercicios como éste le ofrece sesiones completas de gimnasia para mejorar y/o mantener su capacidad cardiovascular y muscular. No obstante, otros ejercicios adecuados también podrían ser la natación o las clases de gimnasia acuática para embarazadas y caminar a paso rápido.

¿Con qué intensidad debe realizar los ejercicios? Depende del ejercicio que haya hecho con anterioridad, la etapa del embarazo en que se encuentre y las energías que tenga el día de la sesión de gimnasia.

Los ejercicios de este programa se han concebido teniendo en cuenta todos estos factores e incluyen pautas para realizar tres niveles de actividad diferentes: «suave», «moderado» e «intenso». El nivel de actividad no influye en la técnica de los ejercicios: los niveles «moderado» o «intenso» simplemente exigen que trabaje con una intensidad o una duración mayores que en el nivel «suave». Si consulta las series de ejercicios paso a paso, verá que en cada página figuran tres símbolos circulares de color naranja, donde se detallan instrucciones para cada nivel de actividad. Durante el embarazo, se puede seguir cualquier nivel, pero las pautas recomendadas son las siguientes:

SUAVE — *Siga este nivel si no hacía ejercicio antes del embarazo, si vuelve a hacerlo tras un período de pausa o si se siente especialmente cansada.*

MODERADO — *Este nivel es adecuado si antes del embarazo hacía ejercicio de manera ocasional, o si su estilo de vida ha sido siempre bastante activo.*

INTENSO — *Es el nivel ideal si antes del embarazo hacía ejercicio dos o tres veces por semana, o si se siente llena de vitalidad.*

el programa de gimnasia prenatal

CALENTAMIENTO

Es fundamental preparar el cuerpo para cualquier actividad física mediante el calentamiento, ya que previene las lesiones y ayuda a hacer los ejercicios con más comodidad.

La sección de calentamiento consta de dos tipos de ejercicios. Los once primeros son ejercicios de movilidad, que calientan y desentumecen el cuerpo, y hacen que los músculos ganen flexibilidad y evitan posibles tirones. Los ocho últimos son ejercicios de estiramiento, que alivian la tensión muscular, consecuencia de los cambios de postura producidos por el embarazo, y alargan los músculos de manera controlada antes de que los emplee con más vigor en las dos secciones siguientes de la tabla. No hay diferencias entre los tres niveles («suave», «moderado» e «intenso»); todos los ejercicios deben ejecutarse del mismo modo, con independencia de su forma física.

¿Qué duración debe tener el calentamiento? Esta sección puede completarse en diez minutos. Debe hacer todos los ejercicios de calentamiento antes de pasar a la sección de ejercicios aeróbicos.

LOS EJERCICIOS DE ESTA SECCIÓN

▶ En primer lugar, no olvide desbloquear las articulaciones (hombros, columna, caderas, rodillas y tobillos) llevándolas a su amplitud de movimiento natural. Empiece con pequeños movimientos y vaya aumentando dicha amplitud de manera gradual. Mueva cada articulación varias veces y note cómo se desentumece y entra en calor a medida que se agrandan los movimientos.

▶ Los ejercicios de movilidad pueden hacerse en cualquier orden, pero los estiramientos se deben realizar al final del calentamiento, cuando sienta que ha entrado en calor y esté más relajada.

▶ A continuación, estimule la circulación sanguínea y caliente los músculos realizando, de manera controlada, movimientos de pierna más amplios que también impliquen una pequeña dosis de trabajo para los brazos; por ejemplo, levantar la rodilla, flexionar la rodilla y caminar sin desplazarse. El calentamiento enseguida resultará efectivo, así que no es necesario que esta parte dure mucho.

▶ Por último, estire todos los músculos que vaya a trabajar más tarde. Por ejemplo, si tiene previsto realizar una sesión centrada en la parte superior del cuerpo, haga los estiramientos destinados a esta zona. Asimismo, estire los músculos que están agarrotados por el embarazo, como los de la parte anterior de las caderas y el pecho.

▶ Otra posibilidad es hacer un calentamiento sencillo caminando a paso bastante rápido durante cinco minutos. Una vez en casa, puede hacer todos los ejercicios de movilidad y también los estiramientos.

EJERCICIOS AERÓBICOS

Un ejercicio aeróbico es cualquier tipo de actividad física de baja intensidad (como, por ejemplo, caminar o nadar) que, si se realiza durante un período de tiempo continuado, aumenta el ritmo cardíaco, hace sentir que le falta un poco el aliento, fortalece y aumenta la resistencia, y supone un ejercicio uniforme para el cuerpo. Para que le reporte beneficios físicos, debe hacer veinte minutos de ejercicio continuado como mínimo (y treinta minutos como máximo); el esfuerzo debe ser lo suficientemente intenso como para provocarle una ligera sensación de falta de aliento.

Los ejercicios de esta sección están pensados para que puedan repetirse, pero el número de repeticiones variará en función de su forma física y de la etapa del embarazo en que se encuentre (véase pág. VI). Repita todos los ejercicios que haga de esta sección en orden inverso para asegurarse de seguir un entrenamiento completo y para permitir que su cuerpo se enfríe.

ÍNDICE DE BORG	
ESCALA EEP	INTENSIDAD
6, 7, 8	muy ligera
9, 10	ligera
11, 12	bastante ligera
13, 14	moderadamente intensa
15, 16	intensa
17, 18	muy intensa
19, 20	sumamente intensa

Evaluación de la intensidad aeróbica.
Los ejercicios de esta sección pueden hacerse en tres niveles: «suave», «moderado» o «intenso» (véase pág. VI). Sin embargo, debe evaluarse con cuidado el esfuerzo que implican los ejercicios aeróbicos para garantizar que su forma física resulte beneficiada sin realizar un trabajo excesivo. Para ello, utilice el índice de Borg (véase más arriba) y/o la prueba del habla.

El índice de Borg, ideado por el psicofisiólogo sueco Gunnar Borg, se basa en la escala subjetiva del esfuerzo percibido (EEP). Se trata de evaluar el esfuerzo que **siente** mientras está haciendo los ejercicios, situándolo en una escala del seis al veinte. La intensidad recomendada para las embarazadas se sitúa entre el trece y el catorce, que se corresponde con el nivel «moderadamente intenso» del índice de Borg. Si el ejercicio le agota, reduzca el ritmo: siga las pautas del nivel «suave» si ha estado haciendo los ejercicios de los niveles «moderado» o «intenso».

La prueba del habla funciona de la siguiente manera: debe ser capaz de mantener una conversación sin respirar de manera entrecortada mientras está haciendo los ejercicios del nivel recomendado. Si jadea y le cuesta respirar, el ejercicio es demasiado intenso. A pesar de todo, **debe** sentir una ligera pérdida de aliento; de lo contrario, es poco probable que le reporte beneficios físicos a largo plazo.

El ejercicio como diversión
Consiga que el ejercicio resulte divertido y forme parte de su rutina diaria. Las actividades aeróbicas al aire libre, como correr o caminar a paso rápido, pueden animarla y suponen una sesión completa de trabajo físico para su cuerpo.

el programa de gimnasia prenatal

LOS EJERCICIOS DE ESTA SECCIÓN

▶ Empiece repitiendo el ejercicio varias veces para familiarizarse con el ritmo, la coordinación y la técnica necesarios, pero sin que los músculos se cansen. Después, trabaje los ejercicios, repitiendo cada uno en función del nivel que haya escogido. Si le faltan las energías, no se **obligue** a realizar todos los ejercicios: simplemente seleccione unos cuantos.

▶ Comience siempre con movimientos de baja intensidad y vaya incrementándola de forma progresiva con movimientos más amplios o aumentando la participación de los brazos. Esto dará a su cuerpo tiempo para satisfacer las exigencias de oxígeno, hará que los ejercicios resulten más cómodos y le permitirá continuar más tiempo.

▶ Si se siente particularmente cansada o no tiene muchas energías, haga breves pausas entre cada ejercicio caminando sin desplazarse.

▶ Reduzca el trabajo de los brazos si le supone demasiado esfuerzo y descanse poniendo las manos en la cintura unos momentos. Incorpore de nuevo los brazos al movimiento cuando se sienta preparada.

▶ Mantenga siempre un ritmo de movimiento constante y controlado, y preste una especial atención a la pelvis cuando los movimientos vayan ganando amplitud.

▶ La intensidad de los ejercicios debe ir disminuyendo exactamente del mismo modo que ha ido aumentando; por este motivo, una vez haya completado el número de ejercicios escogido, debe repetirlos en orden inverso para conseguir que la frecuencia cardíaca se reduzca y el cuerpo se enfríe un poco.

▶ Cuando sienta que está preparada, aumente el trabajo corporal añadiendo uno o dos ejercicios más a la sesión de gimnasia, pero recuerde que siempre debe repetirlos en orden inverso antes de terminar.

PRECAUCIÓN

- Realice siempre los ejercicios en un nivel suave/moderado (véanse el índice de Borg y la prueba del habla en la página VIII). No haga esfuerzos excesivos; el embarazo no es buen momento para alcanzar la forma física que se ha marcado como meta.
- Procure no acalorarse en exceso. Si vive en un clima caluroso, haga los ejercicios en los momentos más frescos del día, como a primeras horas de la mañana o de la noche. También puede poner un ventilador.
- Asegúrese de hacer ejercicio en una habitación bien ventilada y prevenga la deshidratación bebiendo pequeños sorbos de agua con regularidad.
- El ejercicio nunca debe finalizar en seco. El ejercicio aeróbico provoca un aumento de la frecuencia cardíaca y estimula la circulación sanguínea hacia los músculos que están trabajando. Permanecer de pie largos períodos de tiempo puede provocarle sensación de desvanecimiento o mareo, ya que la circulación se está esforzando por devolver la sangre al corazón.
- No haga sólo los ejercicios aeróbicos. Realice el calentamiento previo y los estiramientos posteriores.
- Evite los cambios bruscos de dirección que resulten perjudiciales para las articulaciones.

▶ Vaya incorporando poco a poco los ejercicios hasta incluirlos todos. Cuando se haya familiarizado con los movimientos, puede combinarlos de múltiples maneras. Si se siente especialmente activa, siga las indicaciones de los recuadros «¿Se siente con energías?». Asegúrese siempre de concederse el suficiente tiempo de recuperación.

¿Qué duración deben tener los ejercicios aeróbicos? Trate de hacerlos durante veinte minutos. No obstante, si es principiante, es probable que baste con diez minutos. Si le apetece, puede continuar más tiempo, aunque no debería sobrepasar los treinta minutos.

el programa de gimnasia prenatal

FORTALECIMIENTO Y TONIFICACIÓN

Esta sección incluye ejercicios para grupos musculares específicos. Cuando repite el mismo ejercicio varias veces y de manera continuada, está obligando al músculo a realizar un esfuerzo suplementario; por lo tanto, éste se adapta y se fortalece. Puede aumentar aún más la fuerza y el tono trabajando los músculos con un elemento que ejerza resistencia. No se olvide de ejecutar el ejercicio varias veces (son las denominadas «repeticiones»); los grupos de repeticiones reciben el nombre de «series».

Se indica el número recomendado de repeticiones para cada ejercicio, que varían en función de éste, la posición adoptada, los tres niveles de forma física y la etapa del embarazo en la que se encuentre.

¿Qué duración deben tener el fortalecimiento y la tonificación? Dependerá del número de ejercicios que haya escogido. Márquese como mínimo veinte minutos y haga siempre los ejercicios para el suelo pélvico y los abdominales.

LOS EJERCICIOS DE ESTA SECCIÓN

▶ Comience esta sección con tres o cuatro ejercicios para familiarizarse con la técnica. Escoja las zonas que quiera trabajar, pero mantenga un equilibrio entre la parte superior del cuerpo y la inferior, y combínelas con los ejercicios fundamentales para el suelo pélvico y los abdominales. Es importante hacer una pequeña pausa entre cada serie de repeticiones para que los músculos tengan tiempo de descansar y recuperarse antes de ponerse de nuevo al trabajo.

PRECAUCIÓN

- Debido a los cambios de los músculos abdominales durante el embarazo, los ejercicios abdominales del programa se han dividido separando los ejercicios indicados para el primer trimestre de los recomendados para el segundo y el tercer trimestre.
- Algunos ejercicios pueden resultarle incómodos de hacer, o provocarle una ligera sensación de desvanecimiento o mareo, sobre todo durante el tercer trimestre. Si éste es su caso, haga sentada los ejercicios de tonificación.

▶ Aunque es posible que sienta molestias musculares tras unas cuantas repeticiones, procure no abandonar de inmediato (a menos que le resulte muy doloroso). A menudo, en los ejercicios que se realizan de pie, la pierna de apoyo se cansa antes que la pierna que está trabajando, así que tal vez necesite parar y sacudir las dos piernas antes de continuar. No se olvide de verificar la postura corporal antes de empezar de nuevo.

▶ Para que la gimnasia resulte eficaz, es necesario trabajar determinados músculos con pesas ligeras o bandas elásticas que generen resistencia (¡las latas de conserva pueden servir!). Todos los ejercicios de esta sección deben hacerse **despacio** y de manera controlada, no sólo para que sus músculos y articulaciones no corran riesgos, sino también para garantizar el máximo beneficio físico.

ESTIRAMIENTOS Y RELAJACIÓN

Ésta es la parte final de la sesión de gimnasia. El cuerpo tiene la posibilidad de recuperarse de las actividades más enérgicas que ha realizado en las secciones precedentes y tiene oportunidad de relajarse.

Durante el ejercicio, sus músculos se han contraído y, si ha repetido los movimientos, pueden continuar algo encogidos. Los estiramientos al final de la sesión, cuando los músculos han entrado realmente en calor, le ayudarán a conservar la flexibilidad y la movilidad, y conseguirá que los músculos recobren la longitud habitual. Durante el embarazo, debe realizar los estiramientos lentamente y de manera controlada para no forzar en exceso las articulaciones y evitar tirones musculares. Al igual que sucedía con el calentamiento, no hay diferencias entre los tres niveles: todos los ejercicios se deben realizar de igual modo.

Encontrar tiempo para relajarse. Esto puede resultarnos cada vez más difícil si tratamos de incluir más actividades en nuestras ajetreadas vidas. Un breve período de relajación al final de la sesión, o cuando le sea posible, le ayudará a reducir las tensiones musculares, le dejará como nueva y repleta de energía. Practicar sesiones de relajación con regularidad también puede serle de gran ayuda para estar en mejor sintonía con su cuerpo; e incluso puede ser útil para relajarse en el momento del parto y tras el alumbramiento.

¿Qué duración deben tener los estiramientos y la relajación? Para que sea exhaustiva y surta efecto, esta sesión no debe hacerse con prisas. Tardará cinco minutos como mínimo en completar los estiramientos, y el tiempo dedicado a relajarse y salir del estado de relajación puede oscilar entre cinco y quince minutos.

LOS EJERCICIOS DE ESTA SECCIÓN

▶ Estire únicamente cuando los músculos hayan entrado en calor, ya que están más blandos, son más flexibles y hay menor riesgo de lesiones. Si se ofrecen posiciones alternativas, escoja la más cómoda.

▶ Trate de mantener todas las posiciones de estiramiento de seis a ocho segundos, aunque pueda aguantar más tiempo algunas de las más cómodas. Asegúrese de relajar el resto del cuerpo.

▶ En cada estiramiento, muévase despacio y de manera controlada hasta que note una ligera sensación de tensión en el músculo que esté trabajando. Si el estiramiento resulta doloroso, deténgase de inmediato.

▶ Tras los ejercicios de estiramiento, concédase tiempo para descansar y relajarse. El programa incluye una selección de posturas para que escoja la más cómoda o adecuada. Mantenga la posición el máximo tiempo posible; le sorprenderá lo bien que se siente tras unos pocos minutos de relajación.

▶ Concédase tiempo suficiente para salir por completo del estado de relajación y recuperarse tras finalizar esta sección. No se levante bruscamente después de la relajación, puesto que podría tener sensación de desvanecimiento o mareo.

ENCONTRAR TIEMPO PARA HACER EJERCICIO

Incorporar el ejercicio a su ajetreado ritmo de vida puede resultar la parte más difícil de este programa. A pesar de todo, es importante tomarse el ejercicio como una obligación para recoger los frutos. He ideado varias minitablas de ejercicios que se completan en menos de treinta y cinco minutos (véase pág. XIII) con el fin de animarla a encontrar tiempo para la gimnasia. Si estas tablas no le resultan prácticas para realizarlas a diario, hay otras maneras de incorporar el ejercicio a su rutina.

Oportunidades para hacer ejercicio. Las repeticiones regulares de los ejercicios de estiramiento y de posición (véanse las págs. 2-11) durante todo el día tienen una influencia decisiva en el cuerpo, y le sorprenderá todo lo que puede conseguir en un período de tiempo relativamente breve.

Los ejercicios de verificación de la postura, los del suelo pélvico y los abdominales pueden hacerse en cualquier lugar y tantas veces como sea posible durante el día. Incluso puede hacerlos sentada (véase abajo). Si necesita recordatorios, pegue notas en lugares destacados de su casa o de la oficina, como el cuarto de baño, la puerta de la nevera, las llaves del automóvil o incluso en el fax de la oficina para asegurarse de que no deja pasar ninguna oportunidad de hacer ejercicio. ¡Sus compañeros y amigos tendrán curiosidad y tal vez quieran participar!

▶ Utilice las escaleras en lugar del ascensor; siempre puede tomarse un descanso si lo necesita.

▶ Salga a dar un paseo durante la pausa para almorzar. Si es posible, deje el abrigo y las bolsas pesadas, y disfrute de la libertad de sus brazos balanceándose con suavidad al aumentar el ritmo.

▶ Practique la natación o apúntese a clases de gimnasia acuática para embarazadas; sentirá como su cuerpo flota en el agua. Si ésta se utiliza de manera adecuada, ofrece la oportunidad de realizar una sesión integral de trabajo corporal muy eficaz.

▶ Antes de entrar en el baño o de meterse en la cama, tense los abdominales y observe como el feto se eleva en su interior.

ejercicios sentada

Cuello y hombros. Lentamente, describa círculos hacia atrás con los hombros; a continuación, incline con suavidad la cabeza hacia ambos lados. Deténgase unos momentos en cada lado.

Pecho y columna. Lentamente, eche los omoplatos hacia atrás para sacar pecho, y relájese. Deje caer el brazo a un lado e incline lentamente hacia delante la parte superior del tronco; a continuación, haga lo mismo con el otro lado. Levante cada brazo y mantenga la posición unos segundos; repítalo.

Parte baja de la espalda y abdominales. Sentada en una silla recia y derecha, incline la pelvis, doble la espalda hacia delante y presione su parte inferior contra la silla. A continuación, tense los músculos.

Pies y tobillos. Con un pie sin tocar el suelo, describa círculos lentos y suaves con el tobillo hasta que lo note relajado; haga lo mismo con el otro pie. A continuación, suba y baje los talones varias veces, manteniendo los dedos de los pies en el suelo.

Suelo pélvico. Tense los músculos del suelo pélvico empleando tanto el ritmo lento como el rápido (véase pág. 43)

MINIPROGRAMAS DE EJERCICIOS

He diseñado los siguientes miniprogramas de ejercicios para darle ideas que le ayuden a estructurar las sesiones de acuerdo con sus necesidades y adaptarlas a su horario. Puede crear su propio programa combinando otros ejercicios del libro. En la parte superior de todas las páginas se detallan los objetivos de cada ejercicio, para que escoja los que se adapten mejor a la sesión por la que ha optado. Trate de no repetir la misma tabla: si escoge la tabla centrada en la parte superior del cuerpo, haga la de la parte inferior la próxima vez. Si va variando las sesiones, conservará la motivación y logrará los máximos beneficios físicos.

10 MIN — TABLA REVITALIZANTE

CALENTAMIENTO
Todos los ejercicios.

ESTIRAMIENTOS Y RELAJACIÓN
Todos los estiramientos sentada.

15 MIN — TABLA MODERADA

CALENTAMIENTO
Todos los ejercicios.

FORTALECIMIENTO Y TONIFICACIÓN
Ejercicios del suelo pélvico, elevación de cabeza y hombros, flexión de abdominales a gatas.

20 MIN — TABLA PARTE SUPERIOR

CALENTAMIENTO
Todos los ejercicios para calentar y desentumecer. Estiramientos de los músculos laterales, tríceps y pectorales.

FORTALECIMIENTO Y TONIFICACIÓN
Flexión de bíceps, ejercicios para el suelo pélvico, flexión de abdominales, flexiones a gatas, elevación de hombros, ejercicio de omoplatos. Haga todos estos ejercicios y, a continuación, repítalos.

ESTIRAMIENTOS Y RELAJACIÓN
Sentada, estiramientos de pectorales, tríceps y músculos laterales.

30 MIN — TABLA PARTE INFERIOR

CALENTAMIENTO
Todos los ejercicios para calentar y desentumecer. Estiramientos de pantorrillas, cuádriceps, flexores de la cadera y aductores.

FORTALECIMIENTO Y TONIFICACIÓN
Flexiones con las piernas separadas, elevación de pantorrillas, flexión de abdominales, elevación del muslo externo, elevación del muslo interno.

ESTIRAMIENTOS Y RELAJACIÓN
Estiramientos de tendones de la corva, aductores y glúteos. De pie, estiramientos del cuádriceps, músculos de la pantorrilla y flexores de la cadera.

35 MIN — TABLA CARDIOVASCULAR

CALENTAMIENTO
Todos los ejercicios para calentar y desentumecer. Estiramientos de pantorrillas, cuádriceps, flexores de la cadera y aductores.

EJERCICIOS AERÓBICOS
Selección de ejercicios entre las posibilidades que se ofrecen o veinte minutos caminando a paso rápido.

ESTIRAMIENTOS Y RELAJACIÓN
Sentada, estiramientos de tendones de la corva, aductores y glúteos. De pie, estiramiento del cuádriceps, músculos de la pantorrilla y flexores de la cadera.

Su cuerpo en proceso de cambio

Aparte de los cambios visibles en la silueta que comporta el embarazo, el cuerpo también sufre otros cambios. Percibirá muchos de ellos cuando haga ejercicio.

INCREMENTO DE LOS NIVELES HORMONALES

Su cuerpo experimenta numerosos cambios hormonales y muchos de ellos influyen en el modo de hacer ejercicio. La relaxina, los estrógenos y la progesterona son las tres hormonas relacionadas de manera más directa con el ejercicio.

Consecuencias para el ejercicio. Es importante tener en cuenta estos cambios hormonales al hacer gimnasia. Algunos ejercicios que antes no planteaban problemas pueden resultar poco apropiados ahora que está embarazada.

▶ Cuando el peso del cuerpo esté inclinado hacia delante, y se apoye en las manos y las rodillas (a gatas), es posible que note una sensación de hormigueo en los dedos o que se le duerman. Este hecho es consecuencia de la retención de líquidos. En esta posición, también puede sentir acidez de estómago, debida a los efectos de la progesterona en su aparato digestivo.

▶ Se le pueden hinchar los tobillos; por lo tanto, llevar zapatillas deportivas mucho tiempo puede resultarle incómodo. Este tipo de calzado es recomendable para la sección aeróbica, pero puede quitárselo para realizar los ejercicios de otras sesiones. Los tobillos hinchados pueden ser consecuencia de la retención de líquidos, pero también es posible que sean un indicio de tensión arterial alta. Por lo tanto, debe cerciorarse de ello antes de proseguir.

▶ La inestabilidad articular, producida por la relaxina, incrementa el riesgo de lesiones. La pelvis y la columna son especialmente vulnerables, debido a la fuerza que ejerce el peso del futuro bebé y a la disminución del apoyo que ofrecen los abdominales estirados; por lo tanto, es vital tener una postura correcta y una buena técnica de ejercicio. Evite los movimientos bruscos o de alto impacto, ya que aumentan la tensión en las articulaciones, senos y suelo pélvico.

▶ Enseguida notará que entra en calor, puesto que ya tiene una temperatura corporal elevada a causa de la progesterona. Procure no acalorarse demasiado y realice siempre los ejercicios en una habitación bien ventilada.

▶ Durante la sección de ejercicios aeróbicos, no deje de mover las piernas para facilitar la circulación sanguínea hacia el corazón. Si se detiene bruscamente puede notar sensación de mareo a consecuencia de la progesterona, que dilata las paredes de sus vasos sanguíneos.

La relaxina suaviza el tejido conjuntivo en las articulaciones y los músculos. Esto permite que la pelvis se ensanche durante el alumbramiento y que se estiren los músculos abdominales y los del suelo pélvico.

Los estrógenos son las hormonas del crecimiento. Provocan que los senos crezcan y aumentan el tamaño y la fuerza del corazón. También favorecen la retención de líquidos.

La progesterona relaja las paredes vasculares para que resistan el aumento de volumen sanguíneo. También aumenta la temperatura corporal.

SUS MÚSCULOS ABDOMINALES

Estos músculos sostienen al útero en proceso de crecimiento y le ayudarán a empujar al feto en la segunda etapa del parto. También mantienen el abdomen contraído, facilitan el movimiento del tronco en múltiples direcciones, sostienen los órganos abdominales y los de la parte baja de la espalda, y le sirven de puntal cuando toma impulso.

> **DÓNDE SE LOCALIZAN**
>
> Las capas de los músculos abdominales forman una pared abdominal (un corsé natural muy fuerte en el centro del abdomen). En vertical, se extienden desde las costillas y el esternón hasta la cresta de la pelvis y, en diagonal y horizontal, desde los costados hacia dentro.

Hacer sitio al futuro bebé. Durante el embarazo, los músculos abdominales sufren un importante estiramiento en todas direcciones influidos por la hormona relaxina. El diámetro de la cintura puede aumentar entre 66 y 117 cm aproximadamente, y la longitud de los músculos, de 30 a 51 cm. Para que este nivel de crecimiento pueda producirse, los músculos abdominales deben estirarse desde su posición central. Esta dilatación de las bandas musculares hace sitio para que el feto crezca; no es doloroso y tal vez ni siquiera se dé cuenta de que se ha producido.

Ejercicio abdominal. Los ejercicios abdominales sencillos deberían formar parte de su rutina habitual. Como pueden hacerse en casi todas partes, es posible repetirlos varias veces durante todo el día. Unos abdominales fuertes le ayudarán a mantener el tono en el abdomen y aliviarán el dolor de espalda al sostener la carga frontal lejos de ésta. Si no ha ejercitado antes estos músculos, debe empezar a hacerlo de inmediato: siguen en funcionamiento durante el embarazo y responderán de manera adecuada si los ejercita. Si antes del embarazo practicaba ejercicios de fortalecimiento flexionando los abdominales, **no es aconsejable** hacerlos ahora que los músculos han empezado a estirarse. Pueden separarse y debilitarse aún más. No obstante, cuando alcance las dieciséis semanas, debe hacer los ejercicios de estiramiento abdominal previstos para el segundo y tercer trimestres (véanse págs. 47-49), aunque si no está cómoda tumbada boca arriba, necesitará cambiar antes de las dieciséis semanas. Si estos ejercicios le provocan dolores musculares, relaje los músculos un momento e inténtelo otra vez. Cuanto más practique, más se fortalecerán los músculos y podrá mantener las posiciones por más tiempo.

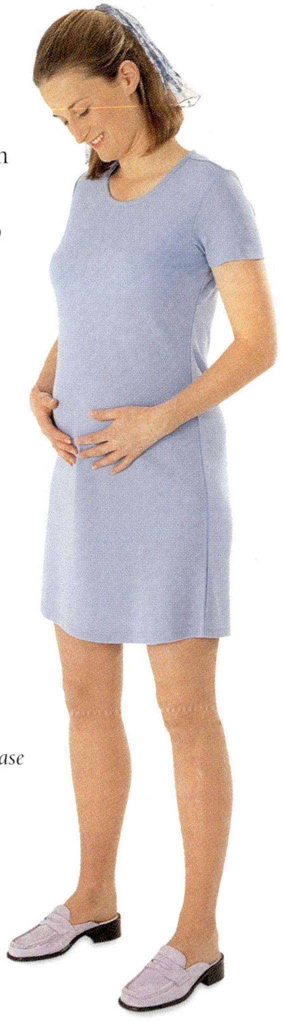

Ejercicios abdominales sencillos y cotidianos
Reforzarán los músculos que protegen al feto y su espalda. Cíñase la ropa a la cintura con firmeza, tense los abdominales y observe cómo éste se eleva en su interior; si posee unos músculos fuertes, le sorprenderá la magnitud del movimiento.

LA MUSCULATURA DEL SUELO PÉLVICO

Los músculos del suelo pélvico, influidos por la relaxina y el progresivo aumento de peso del feto que se está desarrollando, se debilitan y empiezan a estirarse. Esto provoca que los esfínteres (véase recuadro inferior) se ensanchen y no sean capaces de resistir la presión interna. Como resultado, se produce una leve pérdida de orina al toser, estornudar o reír. Esta circunstancia, conocida como «incontinencia urinaria de esfuerzo», es frecuente durante el embarazo, pero es aún más habitual en los primeros momentos del período posparto, como consecuencia de los estiramientos y el debilitamiento asociados al momento del parto. La práctica diaria de ejercicios para el suelo pélvico, también conocidos como «ejercicios de Kegal», puede prevenir o aliviar este problema.

Más vale prevenir que curar. Una musculatura fuerte del suelo pélvico será de utilidad durante el alumbramiento y facilitará una rápida recuperación tras el nacimiento. Comience a hacer ejercicios para el suelo pélvico en cuanto sepa que está embarazada. Es preferible fortalecer esta musculatura antes de que el peso del feto empiece a ejercer una presión cada vez mayor, en lugar de localizarlos y trabajarlos una vez que ya hayan sufrido los estiramientos y se hayan debilitado. En la página 43 se describen ejercicios para el suelo pélvico rápidos y lentos. Practique ambos a diario: los ejercicios lentos le ayudarán a desarrollar la fuerza necesaria para sostener al feto en el tercer trimestre, mientras que los rápidos son útiles para prevenir la incontinencia urinaria de esfuerzo.

Repeticiones regulares
Trate de asociar los ejercicios para el suelo pélvico con una actividad diaria habitual (como, por ejemplo, cada vez que contesta el teléfono) para que pueda ejecutarlos varias veces durante todo el día.

Trabajar los músculos del suelo pélvico. Empiece haciendo estos ejercicios sentada. Si no nota nada, la próxima vez que vaya al cuarto de baño, trate de detener el flujo de orina a media micción (es preferible que no lo haga con la vejiga totalmente llena). La fuerza de los músculos del suelo pélvico viene determinada por su capacidad para detener el flujo de orina. Asegúrese de relajar los músculos y dejar que la vejiga se vacíe después.

Use este método para localizar la ubicación de estos músculos, **no** como ejercicio diario, pues conlleva riesgo de infección. Al principio, cuando trate de ejercitar los músculos de su suelo pélvico, quizá necesite dejar lo que está haciendo y concentrarse mucho. No se preocupe, con la práctica, le resultará más fácil y natural. Persevere.

DÓNDE SE LOCALIZAN

El suelo pélvico forma una hamaca entre las partes anterior y posterior de la pelvis y sostienen los órganos abdominales y pélvicos: la vejiga, el útero y el intestino. Unos «anillos» musculares adicionales, denominados «esfínteres», rodean la uretra y la vagina en la parte anterior, y el ano en la posterior.

PERFECCIONAR LA POSTURA EN EL EMBARAZO

Una postura correcta es esencial para disminuir el esfuerzo físico del cuerpo durante el embarazo. Antes de empezar las sesiones de gimnasia, es importante repasar cuidadosamente los puntos clave para una postura correcta (véase pág. 2): no son difíciles de cumplir y debe practicarlos siempre que pueda, en cualquier momento del día.

Cambios en la postura durante el embarazo. En los inicios de su embarazo, el útero está bien guardado en la pelvis, pero a medida que el embarazo se va desarrollando, asciende poco a poco hasta el abdomen. En esta fase es cuando la postura empieza a cambiar de manera espectacular. El peso del feto le inclinará la pelvis hacia delante y, como continuará creciendo, los músculos abdominales se irán estirando. De manera natural, tenderá a compensar este aumento de carga frontal inclinándose levemente hacia atrás, pero esto puede ejercer presión en la parte baja de la columna y provocar un considerable dolor y molestias en la espalda.

El aumento del peso de los senos también puede inclinar hacia delante la parte superior de la espalda y provocar que tenga los hombros caídos y el pecho hundido. Esto puede ocasionar una excesiva tensión en la parte superior de la espalda y limitar la capacidad de la caja torácica, lo que dificulta más la respiración.

Ejercicios para proteger la espalda. Durante el embarazo, es fundamental tener una espalda fuerte para que el cuerpo aguante el aumento de la carga frontal. Fortalecer y estirar determinados músculos protege la espalda de cualquier problema a largo plazo, y le ayuda a mantener una postura adecuada durante todo el embarazo.

▶ Fortalecer de los músculos abdominales (véanse págs. 44-49) le ayudará a aliviar el dolor en la parte baja de la espalda, puesto que estos músculos alejan de la espalda la tensión que supone la carga frontal adicional.

▶ Estirar los músculos flexores de la cadera (véanse págs. 17 y 72) le permitirá inclinar la pelvis correctamente e impedirá que se le arquee la espalda; si estos músculos están rígidos, será difícil conseguirlo. Fortalecer los músculos de las nalgas (véanse págs. 37 y 54) y los abdominales (véanse págs. 44-49) le ayudará a mantener esta posición.

▶ Estirar y alargar los pectorales (véanse págs. 19 y 61) le ayudará a sacar pecho. Fortalecer la musculatura de la parte superior de la espalda (véanse págs. 51-52) evitará los hombros caídos y aliviará la tensión en esa zona.

Mantener una postura perfecta
El cuidado de la espalda es vital para cualquier actividad durante el embarazo. Al agacharse, incline la pelvis y tense los abdominales. Flexione las rodillas y emplee los músculos de las piernas para arrodillarse y levantarse.

el programa de gimnasia prenatal

hacer ejercicio con prudencia

El ejercicio resulta beneficioso para cualquier etapa de su embarazo, puesto que alivia muchas molestias habituales, facilita la recuperación posparto y, lo más importante, transmite una sensación de bienestar. Sin embargo, debe ser prudente: escuche a su cuerpo, sea consciente de que su capacidad física está en proceso de cambio, y asegúrese de seguir siempre las pautas para hacer ejercicio y los consejos de seguridad detallados en las páginas XX-XXI.

LOS TRES TRIMESTRES

El embarazo se divide en tres fases de trece semanas cada una aproximadamente, denominadas «trimestres». Cada trimestre experimentará una gran variedad de cambios fisiológicos y síntomas, y será necesario evaluar de nuevo su rutina de ejercicios para tenerlos en cuenta. Es importante recordar que el embarazo **no** es el momento de marcarse grandes metas en cuanto a forma física se refiere. Debe aspirar a mantener su fuerza y vitalidad, o mejorarlas ligeramente (si antes no era activa).

Puede continuar con este programa de ejercicios durante los tres trimestres, pero escuche siempre a su cuerpo. Si está en forma y con iniciativa, puede seguir con los ejercicios del nivel «intenso» hasta bien entrado el tercer trimestre (véase pág. VI). Sin embargo, cuando se sienta especialmente cansada, adapte la intensidad de la sesión al nivel «suave». No se preocupe si ve que su nivel de actividad cambia de un día para otro, o de una etapa del embarazo para otra: es muy natural, y una buena señal de que se muestra receptiva a sus propias necesidades.

EL PRIMER TRIMESTRE: DE 1 A 13 SEMANAS

Tan pronto como el óvulo es fertilizado, su cuerpo inicia el sorprendente proceso hacia la maternidad. No obstante, durante las primeras semanas siguientes, los síntomas del embarazo quizás hagan que no se sienta con ganas de celebrarlo.

¿ES PELIGROSO HACER EJERCICIO?

Si el embarazo se desarrolla con normalidad y está acostumbrada a la actividad física, la respuesta es «no». Si no hacía ejercicio antes del embarazo, es aconsejable empezar el programa de manera muy gradual y con precaución. No obstante, el ejercicio puede ser lo último que le apetezca hacer; por lo tanto, no se obligue.

PAUTAS PARA HACER EJERCICIO

El primer trimestre es la etapa del embarazo más delicada y crucial para la formación del embrión; por lo tanto, debe respetar los siguientes puntos:
• No se acalore demasiado; el exceso de calor se trasmite al embrión. Evite las saunas y los rayos UVA hasta que nazca el bebé.
• Haga ejercicio siempre en una habitación bien ventilada.
• Beba sorbos de agua con regularidad para prevenir la deshidratación.

BENEFICIOS DEL EJERCICIO

El ejercicio suave alivia las desagradables molestias provocadas por el aumento del nivel hormonal. En cualquier momento del día pueden aparecer los mareos y las náuseas y el ejercicio será de utilidad para reducir su frecuencia. El ejercicio es un buen estimulante e impulsa el aumento de los niveles de energía, pero, si se siente agotada, descanse todo lo que pueda. Lleve un buen sujetador de refuerzo para aliviar el dolor y las molestias en los senos.

EL SEGUNDO TRIMESTRE
DE 14 A 26 SEMANAS

Está entrando en una etapa importante del embarazo y, probablemente, se sienta mejor que nunca. Normalmente, los mareos y las náuseas desaparecen y recobra las energías.

¿ES PELIGROSO...?

Si su embarazo se está desarrollando sin problemas, es muy recomendable hacer ejercicio de suave a moderado. No esté demasiado tiempo de pie, sobre todo durante la sesión aeróbica y levántese con cuidado después del ejercicio.

PAUTAS PARA HACER EJERCICIO

Ahora el embarazo empieza a notarse, así que es prioritario cuidar la espalda.
• Evite cualquier actividad física de alto impacto o movimientos bruscos.
• No haga ejercicios tumbada boca arriba, ya que el peso del feto dificulta la circulación sanguínea hacia el corazón. Siga el programa de ejercicios para el segundo trimestre.
• Dése tiempo para cambiar de posición.

BENEFICIOS DEL EJERCICIO

A medida que el feto va creciendo y su cuerpo se vaya adaptando a los cambios físicos y hormonales, puede que aparezcan algunas molestias nuevas. De todos modos, el ejercicio físico le servirá para aliviar muchas de ellas. Le calmará los dolores y las molestias generales del embarazo y la mantendrá llena de vitalidad. Los ejercicios aeróbicos de este programa (véanse págs. 21-35) serán útiles para prevenir el estreñimiento y los calambres. Asegúrese de descansar lo suficiente.

EL TERCER TRIMESTRE
DE 27 A 42 SEMANAS

Sólo le quedan tres meses para salir de cuentas y el aumento de carga frontal puede provocar cansancio, pesadez y problemas para dormir. A pesar de todo, siéntase orgullosa de su nueva figura: ¡pronto será madre!

¿ES PELIGROSO HACER EJERCICIO?

Si le apetece y tiene muchas energías, continúe con el ejercicio físico. Si se siente cansada, pruebe a hacer únicamente los ejercicios de calentamiento y desentumecimiento de los músculos (véanse págs. 2-11). Le servirán para conservar la movilidad y reducirán la rigidez muscular y articular. No se quede de pie mucho tiempo, relájese y descanse.

PAUTAS PARA HACER EJERCICIO

El tamaño y el peso del feto aumentarán de manera considerable durante estos tres últimos meses y su espalda será todavía más vulnerable.
• No se olvide de inclinar la pelvis y contraer los abdominales en todo momento, y tenga cuidado al cambiar de posición.
• Realice movimientos controlados y no haga los ejercicios con prisas; unos pocos ejercicios hechos correctamente le reportarán mayores beneficios.
• Tal vez prefiera reducir la intensidad del ejercicio a un nivel inferior. No haga ningún movimiento que le resulte difícil.

BENEFICIOS DEL EJERCICIO

Los ejercicios suaves, sobre todo los que se recogen en la sección de relajación (véanse págs. 56-73), son beneficiosos para conciliar el sueño, ya que se puede sentir incómoda de noche. También son útiles para reducir la ansiedad del parto.

PAUTAS PARA HACER EJERCICIO

Durante el embarazo, debe respetar los siguientes puntos para garantizar que hace ejercicio sin riesgos, que no realiza esfuerzos excesivos y que no perjudica a su futuro bebé.

No se exceda. Haga ejercicio teniendo en cuenta sus limitaciones y no caiga en la tentación de exigirse más. No se exceda y deténgase cuando esté cansada: el ejercicio debe tonificarla, no consumir toda su energía. Intente que el nivel de intensidad de la sesión resulte apropiado para su estado (véanse el índice de Borg y la prueba del habla, pág. VIII) y no olvide que los ejercicios que realizaba sin dificultad al principio le resultarán mucho más complicados a medida que avance el embarazo, así que escuche a su cuerpo y manténgase siempre dentro de los límites de la prudencia.

Asegúrese de que la técnica es correcta. Siga las indicaciones con cuidado, y repita los movimientos despacio y de forma controlada para evitar la hiperlaxitud o el bloqueo articular, ya que pueden producir lesiones. Preste una especial atención a su espalda, abdominales y pelvis, sobre todo si utiliza pesas.

No se acalore demasiado
Evite el calor excesivo, sobre todo durante el primer trimestre. Si nota que su temperatura corporal aumenta demasiado, reduzca ligeramente la intensidad de la sesión o haga una breve pausa. Asegúrese de beber unos sorbos de agua antes de proseguir con los ejercicios.

Evite los ejercicios boca arriba. Desde la decimosexta semana en adelante, puede sentir mareo o náuseas al tumbarse boca arriba (si es el caso, póngase de costado inmediatamente). Este programa no incluye ejercicios tumbada boca arriba a partir del segundo trimestre y le recomiendo que evite esta posición a partir de la vigésima semana.

No haga ejercicios de alto impacto. A partir del primer trimestre, no son aconsejables los saltos ni las actividades demasiado bruscas, ya que aumentan el esfuerzo de las articulaciones, la musculatura del suelo pélvico y los senos, y pueden resultar incómodos. Tampoco son muy adecuadas las flexiones rápidas de rodillas. En el tercer trimestre, no realice ninguna actividad que exija mantener el equilibrio.

Respire con naturalidad. No contenga nunca la respiración. Es tentador, sobre todo durante los ejercicios de fortalecimiento y tonificación. Sin embargo, contener la respiración puede tener consecuencias en la presión arterial y aumentar la actividad cardíaca.

Consuma más calorías. Para obtener energía adicional y hacer frente al embarazo, es preciso consumir un suplemento de trescientas calorías más al día. Además, necesitará aumentarlo si hace ejercicio con regularidad.

CONSEJOS DE SEGURIDAD

Si su embarazo se desarrolla con normalidad, la práctica habitual de ejercicio es beneficiosa. Sin embargo, es fundamental saber cuándo puede continuar los ejercicios introduciendo modificaciones, o bien cuándo debe dejar de hacerlos.

Cuándo hay que tener cuidado. No se olvide de escuchar a su cuerpo mientras esté haciendo ejercicio. Si nota cualquier tipo de molestia, compruebe la técnica o deje de hacer el ejercicio en cuestión.

▶ Evite el excesivo acaloramiento y no se exija demasiado esfuerzo en el ejercicio; en particular, durante las primeras semanas de embarazo.

▶ Hacia el final del embarazo, es posible que sienta las contracciones de Braxton-Hicks. El abdomen se tensa mientras el útero se contrae como práctica para el parto. Tal vez prefiera dejar de hacer ejercicio mientras duren, pero puede continuar en cuanto se le hayan pasado, siempre que no sean demasiado fuertes y persistentes.

▶ Si siente molestias en la zona que rodea al hueso pubiano, procure no separar demasiado las piernas. Tenga mucho cuidado cuando realice los ejercicios para el muslo interior o deje de hacerlos.

▶ Si el ambiente es caluroso y húmedo mientras hace ejercicio en cualquier momento del embarazo, le puede resultar difícil enfriarse después, así que escoja actividades físicas de menor intensidad.

▶ Acepte el hecho de que algunos días se sentirá especialmente cansada y no le apetecerá hacer nada; el ejercicio suave le puede imprimir vitalidad, pero no olvide trabajar en un nivel de intensidad que refleje su energía y motivación en ese preciso momento.

deje de hacer ejercicio de inmediato si...

...persisten las contracciones de Braxton-Hicks. En el tercer trimestre, es probable que estas contracciones de práctica sean bastante intensas. No se debe pasar por alto una tensión muscular fuerte y continua; además, el descanso es fundamental.

...tiene sensación de mareo o desvanecimiento. Podría ser un síntoma de tensión arterial baja o de un nivel bajo de azúcar en sangre, y será más perceptible si está mucho rato de pie. Si ha comido algo ligero unas horas antes de hacer ejercicio y sigue teniendo sensación de mareo, el médico debe tomarle la tensión.

...siente molestias en la pelvis. El dolor en la parte anterior o posterior de la pelvis podría indicar que ha aumentado el movimiento de las articulaciones pélvicas. Con descanso, se puede aliviar solo, pero si los síntomas persisten, debe consultar al médico de inmediato.

...está agotada. No se exija demasiado en el ejercicio. Si siente una fatiga exagerada, relájese.

PRECAUCIÓN

Consulte a su médico de inmediato si nota los siguientes síntomas:
- Dolor abdominal o pélvico
- Rotura de aguas
- Flujo vaginal excesivo
- Migrañas persistentes
- Hinchazón repentina de manos y tobillos
- Hemorragias en cualquier etapa del embarazo (puede tener pequeñas pérdidas en los inicios del embarazo y en las fechas de la menstruación).

ANTES DE EMPEZAR

Para hacer una sesión de gimnasia divertida y sin riesgos, es fundamental una preparación adecuada; así que antes de ponerse a hacer ejercicio, asegúrese de:

Llevar el equipo adecuado. Si lo considera necesario, puede ponerse varias prendas. Así podrá ir quitándose ropa a medida que vaya entrando en calor. Cerciórese de llevar un buen sujetador de refuerzo para reducir al máximo el movimiento de los senos. Puede hacer todos los ejercicios descalza o con calzado deportivo, excepto los de la sesión aeróbica, pero no se ponga sólo los calcetines porque podría resbalarse.

Beber con frecuencia. Asegúrese de tener agua cerca para poder ir bebiendo sorbos durante la sesión de gimnasia; así previene la deshidratación. Beba más cuando haya terminado.

Comer antes de la sesión de gimnasia. Tres o cuatro horas antes de hacer ejercicio, trate de comer algo ligero, con hidratos de carbono complejos como pan integral, pasta, arroz y patatas, que le permitirá acumular energía para la sesión de trabajo. Si hace ejercicio con el estómago vacío es posible que tenga sensación de mareo o desvanecimiento. Y si come justo antes de hacer gimnasia, puede sufrir acidez de estómago. Tras la sesión, coma algo ligero y saludable, como un plátano o un tentempié ligero.

Disponer del espacio y de los materiales suficientes. Cerciórese de que no hay muebles o cualquier otro obstáculo en la zona de ejercicios. Necesitará espacio suficiente para moverse con libertad en todas direcciones y para estirarse en el suelo. Utilice una silla fuerte de respaldo alto o despeje una porción de pared para emplearla como apoyo durante los ejercicios de pie. Necesitará una toalla o una alfombrilla para los ejercicios de suelo y varias pesas de mano (¡las latas de conserva pueden servir!). Tenga también a mano una banda elástica para ejercer resistencia.

No permitir interrupciones. Descuelgue el teléfono o encienda el contestador automático. Es un tiempo que dedica a sí misma y, una vez que empiece, es preferible que no interrumpa la actividad.

Escoger música que le motive. Ayuda a ponerse en situación y a hacer más divertido el ejercicio, pero debe tener un ritmo constante, moderado, para propiciar movimientos suaves. Si hace ejercicio con música demasiado rápida, corre el peligro de lesiones articulares y musculares. ¡La música de fondo le hará disfrutar más e incluso podrá ir cantando al mismo tiempo!

Vestuario y calzado deportivo
Necesitará mayor libertad de movimientos; por lo tanto, escoja ropa que no le impida moverse ni le apriete el abdomen. En la sesión aeróbica, el calzado deportivo es fundamental para sostener los tobillos.

CALENTAMIENTO

Estos ejercicios de movilidad y estiramientos constituyen una preparación esencial para la sesión de gimnasia. Ponen el cuerpo a punto para la actividad y reducen el riesgo de lesiones, lo que tiene especial importancia durante el embarazo, cuando el cuerpo es más vulnerable. Las rutinas de los ejercicios principales le resultarán más sencillas y más cómodas de realizar después de haber calentado. Y es más, el calentamiento ofrece la oportunidad perfecta para saber cómo se siente cuando se mueve estando embarazada. A medida que trabaje esta sección, será capaz de ir corrigiendo su postura y será consciente de cómo mantener el cuerpo alineado correctamente mientras hace ejercicio.

calentamiento

Control de la postura

Para proteger la espalda y reducir al máximo la tensión de los músculos y las articulaciones.

En todos los ejercicios, estas pautas generales son importantes para reducir la tensión física del cuerpo durante el embarazo. No practique las técnicas de postura correcta únicamente antes de empezar el ejercicio, sino también durante todo el día, a la menor oportunidad que se presente.

ERRORES FRECUENTES

Columna arqueada. El peso adicional que sostiene adelanta su centro de gravedad; por lo tanto, es posible que tenga tendencia a arquear la espalda e inclinarse hacia delante. Puede evitarlo manteniendo la pelvis inclinada.

Para realizar la inclinación pélvica: estire la columna con la rabadilla hacia abajo y elevando la parte anterior de la pelvis.

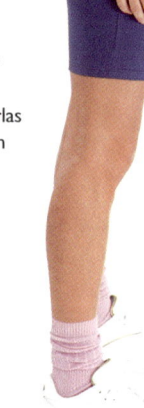

1
Colóquese de pie, con las piernas algo más separadas que las caderas y los brazos relajados a ambos lados del cuerpo. Distribuya el peso corporal entre las dos piernas por igual y asegúrese de que las plantas de los pies estén bien apoyadas en el suelo.

2
Alargue la columna estirándose desde la cadera para añadir unos centímetros al torso y darle una amplitud adicional a la caja torácica.

3
Incline la pelvis (véase el recuadro) para mantener la curvatura natural de la espalda, y tense los músculos abdominales para elevar al feto y sostener la parte baja de la espalda.

Relaje los hombros, sin subirlos, y saque pecho

Incline la pelvis

Asegúrese de no forzar las rodillas y de mantenerlas alineadas con los tobillos

Mantenga la vista al frente y estire el cuello, con la barbilla paralela al suelo

Tense los abdominales

calentamiento

rotación de hombros

Para calentar y desentumecer los hombros.

SUAVE   **MODERADO**   **INTENSO**

Todos los niveles: 8 repeticiones con cada hombro

1 Colóquese de pie, con los pies algo más separados que la cadera y los brazos relajados a ambos lados del cuerpo. Incline la pelvis y tense los abdominales. Empiece a describir un círculo hacia delante con el hombro derecho. Asegúrese de moverse lentamente y de forma controlada.

2 Sin mover el resto del cuerpo, siga describiendo el círculo elevando el hombro hacia la oreja en un movimiento fluido y constante. No incline la cabeza hacia el hombro elevado.

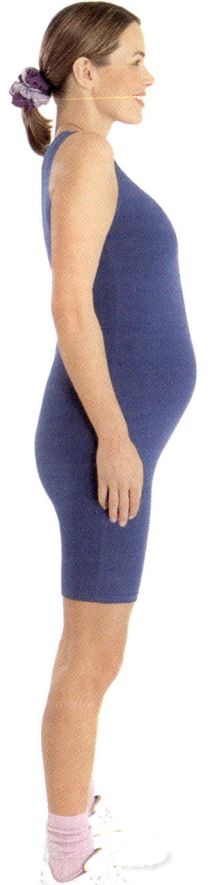

3 Acabe de describir el círculo completo con el hombro derecho de manera amplia y exagerada, para resaltar este movimiento hacia atrás. Permanezca erguida e incline la pelvis durante todo el ejercicio.

Asegúrese de que las plantas de los pies estén bien apoyadas en el suelo

4 Baje el hombro derecho, con los abdominales contraídos y el pecho erguido. No olvide realizar los movimientos lentos y controlados, y trate de relajar las rodillas, el cuello y los hombros. Continúe siguiendo las indicaciones de la parte superior y repita el ejercicio con el hombro izquierdo.

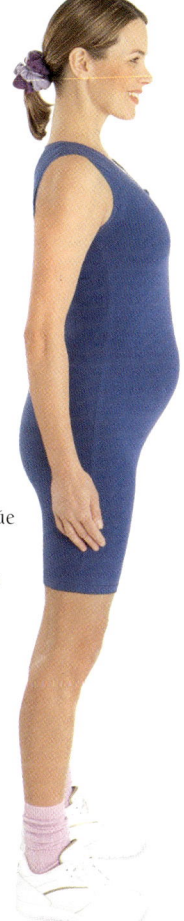

calentamiento

flexión de rodillas

Para calentar y desentumecer las rodillas, y para aumentar la temperatura corporal.

SUAVE   **MODERADO**   **INTENSO**

Todos los niveles: 8 repeticiones lentas

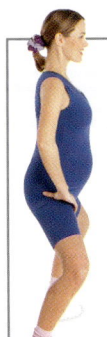

Recuerde...

Mantenga la pelvis inclinada para impedir que sobresalgan los glúteos. Asegúrese de que, mientras está flexionando, la espalda esté recta; no se incline hacia delante.

1

Colóquese de pie, con los pies algo más separados que la cadera y los dedos de los pies apuntando ligeramente hacia fuera. Ponga las manos en la cintura, incline la pelvis y alargue la columna.

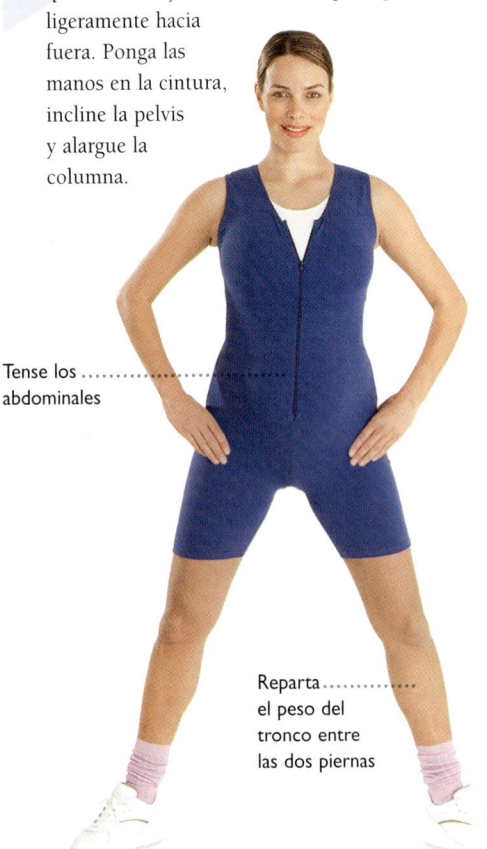

Tense los abdominales

Reparta el peso del tronco entre las dos piernas

2

Vaya flexionando lentamente las rodillas hacia abajo. Mantenga la columna erguida y la cabeza levantada. Realice la flexión de rodillas que le resulte cómoda sin levantar los tobillos del suelo. Ahora tense los abdominales y vaya enderezando despacio las rodillas, procurando no bloquearlas, antes de repetir siguiendo las recomendaciones que se detallan más arriba.

Sienta cómo tiran los músculos del muslo al enderezar las rodillas

Procure no flexionar las rodillas por debajo de 90° y sitúelas paralelas a los dedos de los pies

Apoye bien la planta de los pies en el suelo

PRECAUCIÓN

Si nota molestias alrededor del hueso pubiano mientras hace el ejercicio, reduzca la amplitud de la posición. Si persisten las molestias, no haga este ejercicio.

calentamiento

elevación de rodillas

Para calentar y desentumecer caderas y rodillas, y aumentar la temperatura corporal.

SUAVE **MODERADO** **INTENSO**

Todos los niveles: 16 repeticiones alternando (8 con cada pierna)

Otra posibilidad...

Utilice una silla recta y estable para apoyar el peso de su cuerpo si tiene dificultades para mantener el equilibrio mientras realiza este ejercicio. Es posible que necesite estirar ligeramente la rodilla hacia fuera para no chocar con el feto que cada vez ocupará más espacio.

1

Colóquese de pie, con los pies separados a la altura de la cadera. Incline la pelvis y tense los abdominales para sostener al feto y a la espalda.

2

Levante la rodilla derecha hasta una altura que le resulte cómoda, con la espalda recta, los abdominales contraídos y los hombros bajos. Asegúrese de que la rodilla de apoyo no esté tensa.

3

Baje la pierna derecha y repita el movimiento con la pierna izquierda. Tome impulso tirando de la cadera de apoyo al cambiar de lado el peso corporal. Cuando esté preparada, lleve la mano a la rodilla opuesta mientras la levanta. Prosiga haciendo las repeticiones recomendadas.

Mantenga el pecho erguido y no se incline hacia la pierna levantada

Ponga las manos en la cintura para ganar estabilidad

Asegúrese de que el pie de apoyo está bien asentado en el suelo

Relaje los dedos de los pies

Ponga de nuevo el pie directamente bajo la cadera para evitar que la pelvis se balancee

calentamiento

Sacar pecho

Para ensanchar el pecho y desentumecer la parte superior del cuerpo.

🟡 SUAVE 🟡 MODERADO 🟠 INTENSO

Todos los niveles: 8 repeticiones lentas

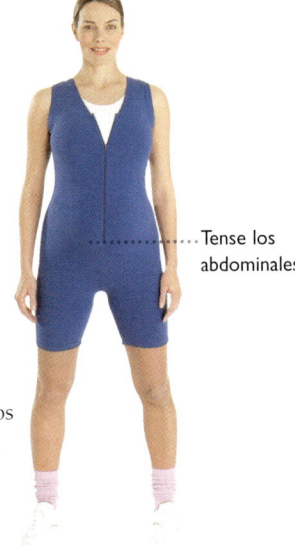

1
Colóquese con los pies algo más separados que la cadera y relaje los brazos a ambos lados del cuerpo. Incline la pelvis y permanezca erguida.

·····Tense los abdominales

2
Levante los brazos lateralmente, a la altura de los hombros. No bloquee los codos ni se olvide de contraer los abdominales.

Procure no dejar caer los brazos·····

·····No saque pecho

·····Asegúrese de que las rodillas no estén tensas

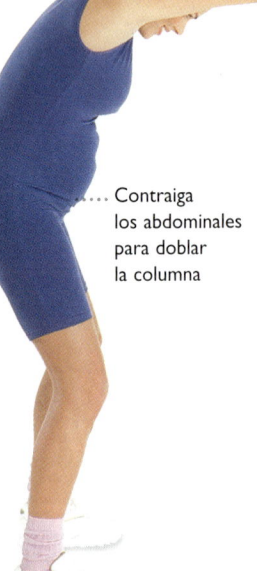

3
Curve ligeramente la espalda, llevando los brazos despacio hacia delante. Mantenga la cabeza relajada en todo el movimiento.

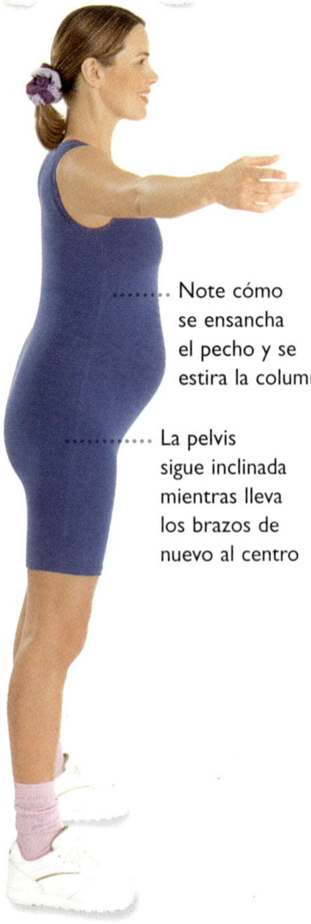

·····Contraiga los abdominales para doblar la columna

4
Estire el cuerpo a medida que vaya abriendo los brazos, sin subir los omoplatos y manteniéndolos rectos y hacia atrás. Repita el movimiento siguiendo las indicaciones de la parte superior.

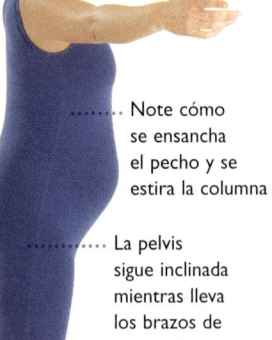

·····Note cómo se ensancha el pecho y se estira la columna

·····La pelvis sigue inclinada mientras lleva los brazos de nuevo al centro

calentamiento

rotación de brazos

Para calentar y desentumecer los hombros, y ensanchar el pecho.

SUAVE   **MODERADO**   **INTENSO**

Todos los niveles: 8 repeticiones con cada brazo

1
Colóquese de pie, con los pies separados a la altura de la cadera y los brazos relajados a ambos lados del cuerpo.

Tense los abdominales

Haga hincapié en el movimiento circular completo, prestando una especial atención al cerrar el círculo por detrás de la espalda

Mantenga la pelvis inclinada en todo el ejercicio

Complete cada movimiento circular bajando el hombro con firmeza

Relaje las rodillas

2
Con las caderas y los hombros rectos, describa un círculo lentamente con el brazo derecho, iniciando un movimiento hacia delante.

3
Con un movimiento siempre lento y continuo, describa el círculo pegando el brazo a la oreja, rotándolo hacia atrás al máximo. Durante este movimiento, tense los abdominales para no arquear la espalda.

4
Acabe el movimiento llevando de nuevo el brazo a la posición de partida, despacio. Repita el ejercicio con el brazo izquierdo.

calentamiento

flexión del tronco

Para calentar y desentumecer la columna.

SUAVE **MODERADO** **INTENSO**

Todos los niveles: 16 repeticiones alternativas (8 en cada lado)

> ### Recuerde...
> Al realizar la flexión de tronco, lleve ligeramente el brazo hacia delante para no inclinar el cuerpo hacia atrás. Ello podría suponer una carga adicional en la columna y provocar dolor de espalda, sobre todo durante el segundo y tercer trimestres.

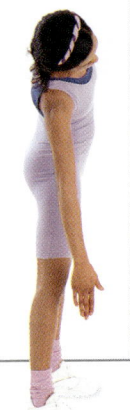

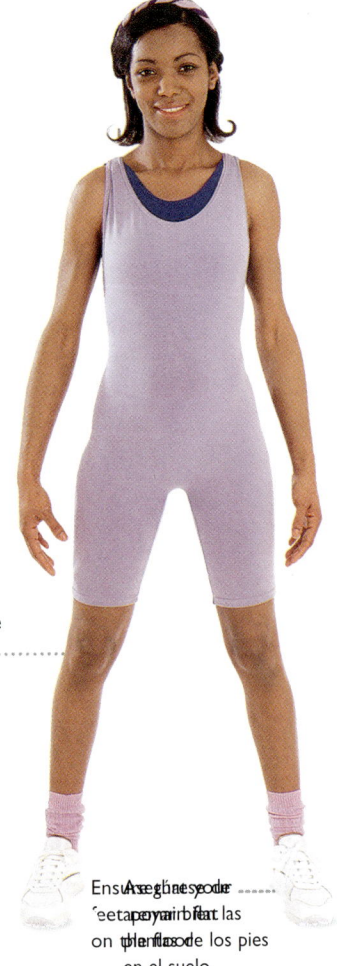

No bloquee las rodillas

Asegúrese de apoyar bien las plantas de los pies en el suelo

Alargue el brazo al máximo sin que le resulte incómodo

No desplace las caderas hacia un lado

Mantenga una separación amplia entre las piernas para conseguir una base estable cuando flexione el tronco lateralmente

1 Colóquese de pie, con los pies algo más separados que la cadera y relaje los brazos a ambos lados del cuerpo. Incline la pelvis, tense la musculatura abdominal para sostener la espalda y estire la columna.

2 Realice una flexión lateral del tronco hacia la derecha, iniciando el movimiento a la altura de la cintura. Mientras regresa a la posición de partida, tense los abdominales, relaje los hombros y expanda el pecho. Flexione el tronco hacia el otro lado y continúe con las repeticiones recomendadas.

calentamiento

Movilidad del cuello
Para relajar la tensión del cuello.

SUAVE   MODERADO   INTENSO

4 repeticiones alternativas (2 en cada lado)

Relaje los hombros y mantenga el pecho erguido

No mueva el resto del cuerpo

Asegúrese de que las manos y los brazos estén relajados

Destense las rodillas

Asegúrese de apoyar bien las plantas de los pies en el suelo

1 Colóquese de pie, con los pies algo más separados que la cadera y relaje los brazos a ambos lados del cuerpo. Baje los hombros y estire el cuello. Incline la pelvis y tense los abdominales para elevar al feto y permanezca erguida.

2 Con los hombros relajados, incline la cabeza suavemente hacia el hombro derecho. Mantenga los hombros bajos y deténgase.

3 Lleve de nuevo la cabeza a la posición de partida, tense los abdominales, incline la pelvis y permanezca bien erguida. Repita el movimiento hacia la izquierda y prosiga como se indica más arriba.

calentamiento

Movilidad de tobillos

Para calentar y desentumecer los tobillos.

- SUAVE
- MODERADO
- INTENSO

Todos los niveles: 8 repeticiones con cada tobillo

1

Separe los pies unos centímetros y ponga las manos en la cintura para ganar estabilidad. Incline la pelvis, tense los abdominales y permanezca erguida.

Asegúrese de apoyar bien las plantas de los pies en el suelo

Otra posibilidad..

A medida que el embarazo vaya evolucionando, le puede resultar cada vez más difícil mantener el equilibrio. Llegado el caso, apoye la mano en el respaldo de una silla recia.

2

Flexione la rodilla izquierda y estire hacia delante la pierna derecha tocando el suelo con el talón.

Mantenga flexionada la pierna de apoyo durante todo el movimiento

Retrase la pierna de apoyo para ayudarse a mantener el equilibrio

3

Levante la pierna derecha con mucha suavidad, tocando el suelo con la punta del pie; no lo haga demasiado bruscamente. Mantenga erguida la parte superior del cuerpo e incline de nuevo la pelvis para tener la espalda recta. Lleve a cabo las repeticiones sugeridas del movimiento talón-punta, y haga lo mismo con el tobillo derecho.

Mueva el tobillo y no la rodilla

Estire la columna y saque pecho

Tome impulso desde la cadera de apoyo, para evitar que la pelvis se desplace a un lado

calentamiento

Movilidad de pies

Para calentar y desentumecer los tobillos y pies, y para estimular la circulación sanguínea hacia los pies.

SUAVE   **MODERADO**   **INTENSO**

Todos los niveles: 8 repeticiones con cada pie

Otra posibilidad...

A medida que avance su embarazo, le puede resultar cada vez más difícil mantener el equilibrio, sobre todo durante el tercer trimestre. Llegado el caso, pruebe a apoyar la mano en el respaldo de una silla que tenga estabilidad.

1

Colóquese de pie, con los pies ligeramente separados. Ponga las manos en la cintura, desplace el peso corporal a la pierna derecha y tome impulso hacia arriba estirando de la cadera derecha. Incline la pelvis, tense los abdominales para sostener al feto y permanezca erguida.

No bloquee las rodillas

2

Levante el talón izquierdo al máximo, doblando los dedos de los pies y estirando hacia arriba la curva del pie. Tome impulso tirando de la cadera derecha para mantener la alineación de las caderas. Incline de nuevo la pelvis y tense otra vez los abdominales. Deténgase unos momentos y baje el talón izquierdo al suelo. Continúe como se indica más abajo, y haga lo mismo con el pie derecho.

Asegúrese de estirar la parte superior del cuerpo y sacar pecho

Verifique que la rodilla de apoyo no esté tensa

Asegure bien el tobillo que realiza el movimiento

Eche el peso del cuerpo hacia la punta del pie

calentamiento

Caminar sin desplazarse
Para calentar los músculos y estimular la circulación sanguínea.

SUAVE   MODERADO   INTENSO

Continúe el ejercicio 1 o 2 minutos hasta que haya entrado en calor

PRECAUCIÓN
Es posible que este movimiento le resulte incómodo a medida que su embarazo se vaya desarrollando. Entonces, tal vez prefiera caminar por una zona amplia y despejada (por ejemplo, un pasillo o un jardín).

1 Colóquese con los pies ligeramente separados y relaje los brazos a ambos lados del cuerpo. Tense los abdominales para sostener al feto y la espalda, y permanezca erguida.

2 Camine a paso rápido sin desplazarse, levantando las rodillas a una altura que le resulte cómoda.

3 Flexione los codos y muévalos hacia delante y atrás siguiendo el ritmo de los pasos. Asegúrese de que los abdominales estén tensos y el pecho, erguido. Prosiga como se ha indicado.

Incline la pelvis

No balancee las caderas de un lado a otro

Ejecute el movimiento con suavidad, levantando las rodillas, sin dar pisotones en el suelo

Asegúrese de mantener un pie bien apoyado en el suelo para conservar el equilibrio

calentamiento

estiramiento de pantorrillas

Para estirar y alargar la musculatura de la pantorrilla. Puede evitar calambres.

SUAVE MODERADO **INTENSO**

Mantenga la posición mientras cuenta hasta 8 en cada lado

Otra posibilidad...

Tal vez necesite apoyarse para realizar este ejercicio, sobre todo durante el tercer trimestre. Sitúese junto a una silla fuerte y agárrese al respaldo, sin apoyarse del todo en ella.

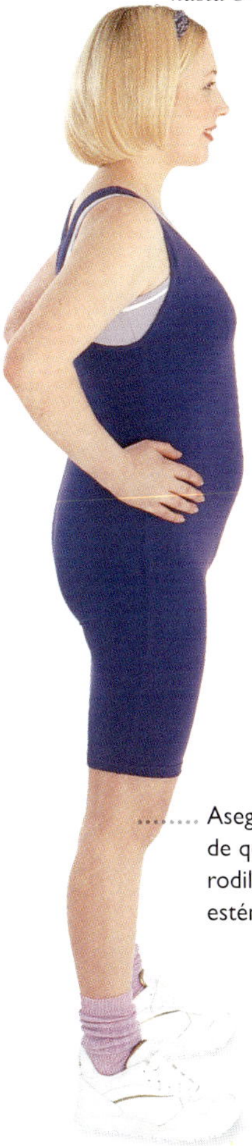

3 Flexione la rodilla izquierda hasta alinearla con el tobillo izquierdo y apoye suavemente el talón derecho en el suelo. Incline de nuevo la pelvis, eleve al feto en su interior y mantenga las caderas rectas. Si no nota el estiramiento, retrase el pie derecho. Aguante la posición el tiempo recomendado; a continuación, cambie de pierna.

.... Tense los abdominales

Incline ligeramente hacia delante la parte superior de su cuerpo para formar una línea diagonal que vaya desde la cabeza hasta el talón retrasado

.... Asegúrese de que las rodillas no estén tensas

1 Colóquese con los pies separados a la altura de la cadera, ponga las manos en la cintura e incline la pelvis.

2 Con las piernas separadas y los dedos de los pies apuntando hacia delante, dé un paso hacia atrás con la pierna derecha. Asegúrese de estirar la columna y sacar pecho.

.... Note el estiramiento en la parte gruesa de la pantorrilla

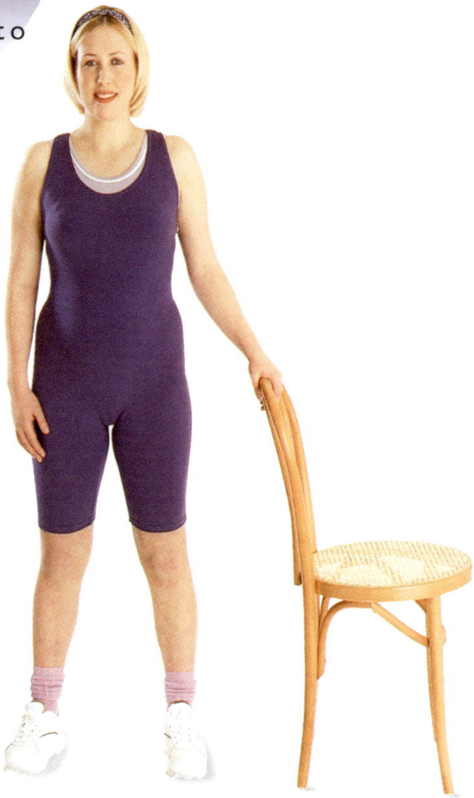

calentamiento

estiramiento de cuádriceps

Para fortalecer y estirar la musculatura anterior de los muslos. Durante el embarazo, estos músculos suelen estar bastante tensos.

SUAVE   **MODERADO**   **INTENSO**

Mantenga la posición mientras cuenta hasta 8 en cada lado

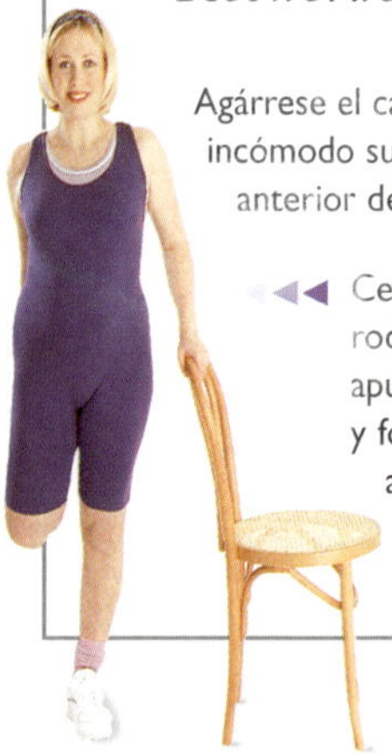

Recuerde...

Agárrese el calcetín si le resulta incómodo sujetarse la parte anterior del pie. ▶▶

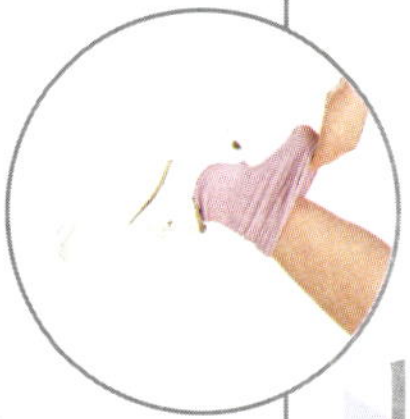

◀◀ Cerciórese de que la rodilla flexionada esté apuntando hacia abajo y forme una línea paralela a la rodilla recta.

1 Colóquese de pie, con el costado izquierdo junto a una silla y apoye la mano en el respaldo para sostenerse mejor. Con los pies separados a la altura de la cadera, cargue el peso del cuerpo en la pierna izquierda, tome impulso desde la cadera izquierda, e incline la pelvis.

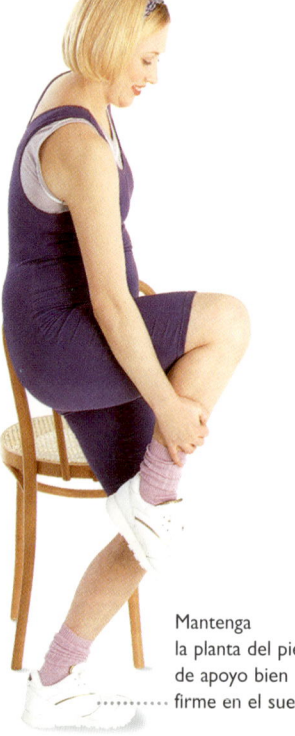

2 Con la pierna izquierda flexionada, levante la otra rodilla hacia delante y agárrese el empeine del pie.

Mantenga la planta del pie de apoyo bien firme en el suelo

3 Lleve la pierna derecha hacia atrás doblando la rodilla hasta que se alinee con la cadera y la pierna izquierda. No tire del pie demasiado fuerte. Si no nota el estiramiento de la parte anterior del muslo, desplace hacia atrás la pierna e incline de nuevo la pelvis. Mantenga la posición el tiempo indicado más arriba, con los abdominales siempre tensos. Haga lo mismo con la pierna izquierda.

calentamiento

estiramiento de tronco

Para estirar el músculo gran dorsal y los oblicuos, y para alargar la columna.

SUAVE   **MODERADO**   **INTENSO**

Todos los niveles: mantenga la posición mientras cuenta hasta 6 en cada lado; repítalo si lo desea

Recuerde...

Coloque el brazo ligeramente hacia delante e incline la pelvis para no arquear la espalda. Procure no doblarse demasiado rápido si siente molestias en el abdomen.

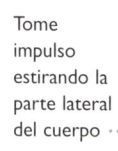

Relaje los hombros, sin subirlos

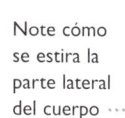

Compruebe que estira la parte superior del brazo

Tome impulso estirando la parte lateral del cuerpo

Note cómo se estira la parte lateral del cuerpo

Mantenga el peso de su cuerpo cargado en el centro para no desviar las caderas hacia los lados

1
Colóquese con los pies algo más separados que la cadera y asegúrese de que las rodillas no estén tensas. Ponga las manos en la cintura e incline la pelvis. Tense los abdominales para elevar al feto y permanezca erguida.

2
Levante el brazo derecho a la altura del hombro, como si apuntara al techo, situando el codo junto a la oreja y estire la columna.

3
Incline el tronco a la izquierda, con el brazo extendido hacia arriba y hacia un lado. Mantenga la pelvis inclinada y los abdominales contraídos.

calentamiento

estiramiento de tríceps

Para estirar y fortalecer la musculatura interior de la parte superior del brazo.

Recuerde...

◄◄ Asegúrese de que la cabeza esté levantada y en línea con la columna.

Si se le empieza a arquear la espalda, agárrese el brazo con la otra mano, por delante del cuerpo. ►►

SUAVE · **MODERADO** · **INTENSO**

Mantenga la posición mientras cuenta hasta 8 en cada lado

1
Colóquese con los pies algo más separados que la cadera. Relaje las rodillas y tense los músculos abdominales.

Mantenga la pelvis inclinada

2
Permanezca erguida y levante el brazo derecho, apuntando al techo.

Estire el brazo hacia arriba por encima de la cabeza; asegúrese de que el codo no esté tenso

3
Flexione el codo por detrás de la cabeza hasta tocar con los dedos el espacio entre los dos omoplatos.

Cerciórese de que inclina ligeramente el peso del cuerpo hacia delante para no arquear la espalda

4
Agárrese el codo derecho con la mano izquierda y empújelo con suavidad por detrás de la cabeza. Incline de nuevo la pelvis y tense los abdominales para no arquear la espalda. Note el estiramiento en la parte superior del brazo. Mantenga la posición el tiempo indicado más arriba; a continuación, haga lo mismo con el otro brazo.

calentamiento

*e*stiramiento de caderas

Para estirar y alargar los músculos flexores de la cadera, y para conseguir una mayor inclinación pélvica.

SUAVE · MODERADO · INTENSO

Mantenga la posición mientras cuenta hasta 6 en cada lado

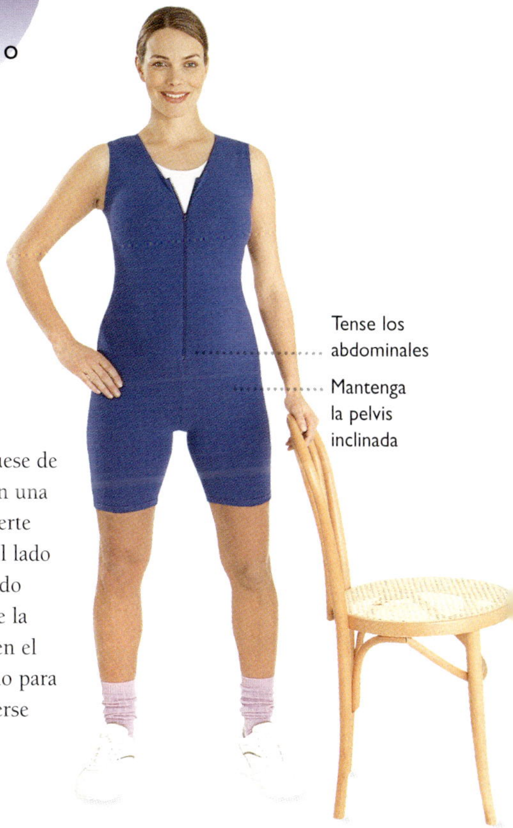

Tense los abdominales

Mantenga la pelvis inclinada

1 Colóquese de pie, con una silla fuerte junto al lado izquierdo y apoye la mano en el respaldo para sostenerse mejor.

Levante tirando de las caderas para asegurarse de que estén alineadas correctamente

2 Con los pies más separados que las caderas y las puntas de los pies hacia delante, dé un paso atrás con la pierna derecha. Levante el talón del suelo, con el peso del cuerpo repartido entre ambas piernas por igual. Alargue la columna y permanezca erguida.

3 Flexione ambas rodillas e incline la pelvis de manera exagerada. Estire la columna y saque pecho. Contraiga los abdominales para garantizar el estiramiento, que debería notar en la parte anterior del muslo derecho. Si no lo nota, verifique la correcta inclinación de la pelvis. Mantenga la posición el tiempo que se indica más arriba; a continuación, haga lo mismo con la pierna izquierda.

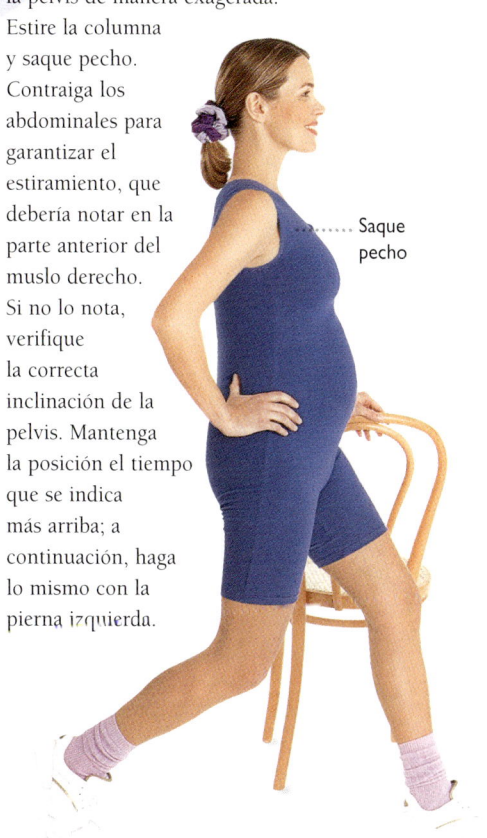

Saque pecho

calentamiento

estiramiento de aductores

Para estirar y alargar los músculos de la parte interna del muslo.

SUAVE   **MODERADO**   **INTENSO**

Mantenga la posición mientras cuenta hasta 8 en cada lado

1

Colóquese de pie y separe las piernas mientras le resulte cómodo, con las puntas de los pies hacia fuera. Ponga las manos en la cintura e incline la pelvis.

Tense los abdominales para sostener al feto y la espalda

Otra posibilidad...

A medida que el embarazo se vaya desarrollando, el peso adicional del feto en proceso de crecimiento puede afectar al sentido del equilibrio. Para sostenerse mejor, apóyese en el respaldo de una silla.

2

Con la punta del pie derecho hacia fuera, mueva el pie izquierdo dirigiendo la punta hacia adelante. Con la pierna izquierda recta, flexione la rodilla derecha y desplace el peso del cuerpo al lado derecho. Incline la pelvis de nuevo, estire la columna y saque el pecho. Es posible que sienta un ligero dolor en el muslo derecho, puesto que los músculos trabajan duro para aguantar esta posición. Manténgala el tiempo que se indica más arriba; a continuación, haga el mismo movimiento hacia la izquierda.

PRECAUCIÓN

Deténgase de inmediato si siente cualquier molestia o dolor en la parte anterior de la pelvis. Pruebe primero a reducir la separación de las piernas mientras ejecuta este ejercicio, pero si las molestias persisten, elimínelo de su tabla de gimnasia.

Mantenga la rodilla alineada con el tobillo

Asegúrese de que las plantas de ambos pies estén bien apoyadas en el suelo

Note el estiramiento en la parte interna del muslo

No balancee el tobillo de la pierna estirada

calentamiento

estiramiento de pectorales

Para alargar los músculos del pecho, que pueden estar tensos y contraídos. Este estiramiento le ayudará a mejorar la postura.

1

Colóquese con los pies algo más separados que la cadera y relaje las rodillas. Ponga las manos en los riñones, tense los abdominales para elevar al futuro bebé y permanezca erguida.

Asegúrese de que las rodillas no estén tensas

Reparta el peso del cuerpo entre las dos piernas por igual

Recuerde...

Junte los omoplatos para notar el estiramiento de punta a punta del pecho y en los hombros. Cerciórese de que las palmas de las manos descansan en las nalgas (no en las caderas) para obtener el máximo beneficio de este ejercicio.

SUAVE   MODERADO   INTENSO

Todos los niveles: mantenga la posición mientras cuenta hasta 6; repítalo si lo desea

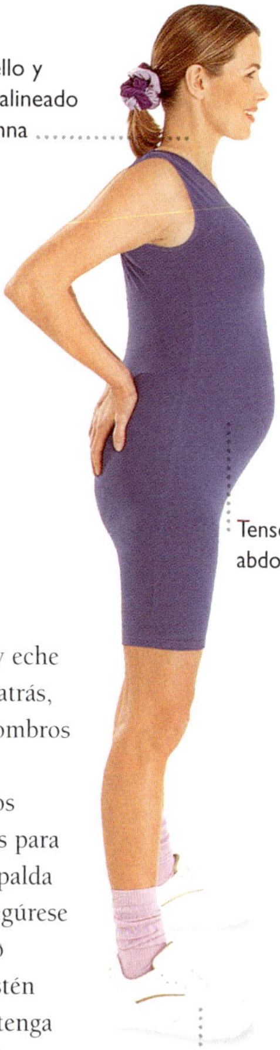

Estire el cuello y manténgalo alineado con la columna

Tense los abdominales

2

Suba el pecho y eche los codos para atrás, juntando los hombros poco a poco. Mantenga tensos los abdominales para evitar que la espalda se arquee, y asegúrese de que el cuello y la columna estén alineados. Mantenga la posición el tiempo que se indica más arriba; debe sentir el estiramiento a lo largo del pecho y en la parte anterior de los hombros.

No se incline hacia delante apoyándose en las puntas de los pies, ni hacia atrás descansando en los talones

ERRORES FRECUENTES

Columna arqueada. Puede resultar tentador sacar el abdomen y el pecho durante el ejercicio, pero conseguirá que la espalda se arquee de manera incorrecta. Para no caer en este error, incline la pelvis y tense los músculos abdominales.

calentamiento

hacia arriba

Para estirar el músculo gran dorsal y alargar la columna. Este movimiento agrandará el espacio en el abdomen y le ayudará a sentirse más cómoda.

● SUAVE ● MODERADO ● INTENSO

Mantenga la posición mientras cuenta hasta 6 en cada lado; repítalo si lo desea

Recuerde...

Para que la espalda no se arquee en exceso durante este ejercicio, eche ligeramente hacia delante la mano que ha levantado y el peso del cuerpo. Esto tiene especial importancia en el tercer trimestre.

Contraiga los abdominales

No bloquee las rodillas

Separe bastante los pies para lograr una base estable

Asegúrese de apoyar bien las plantas de los pies

Verifique que el peso del cuerpo esté repartido entre ambas piernas por igual. Trate de no desplazar las caderas hacia un lado

1
Colóquese con los pies algo más separados que la cadera y ponga la mano derecha en la cadera. Incline la pelvis, estire la columna y permanezca erguida.

2
Sin agachar la cabeza, levante el brazo izquierdo extendido, como si quisiera tocar el techo. Mantenga la posición el tiempo indicado y, a continuación, baje el brazo. Relaje los hombros, permanezca erguida y repita el movimiento con el brazo derecho.

ejercicios aeróbicos

Estos ejercicios fáciles de seguir forman una sesión de gimnasia aeróbica efectiva y sin riesgos, adecuada para cualquier etapa del embarazo. Han sido especialmente seleccionados para que pueda realizarlos en su casa, sola, en un espacio relativamente reducido. Mientras realiza los ejercicios, es posible que note una ligera sensación de falta de aliento, aunque todavía pueda mantener una conversación. Al final de la sesión, notará que ha entrado en calor, se sentirá llena de energía y, probablemente, estará un poco más colorada. Trate de seguir moviendo las piernas hasta que la respiración recobre la normalidad y se sienta menos acalorada. Además, no olvide repetir los ejercicios en orden inverso antes de parar, beber sorbos de agua con frecuencia y hacer ejercicio en una habitación con buena ventilación.

ejercicios aeróbicos

Pasos laterales dobles

SUAVE
16 pasos dobles alternos

MODERADO
32 pasos dobles alternos

INTENSO
48 pasos dobles alternos

¿SE SIENTE CON ENERGÍAS?

▶ Aumente el ritmo del ejercicio dando cuatro pasos laterales hacia la derecha y cuatro hacia la izquierda.

▶ Doble ligeramente las rodillas al juntar los pies. Pero procure no bloquearlas al estirar las piernas.

▶ Combine este ejercicio con las variaciones de ejercicios de brazos que se describen en la página 24.

1
Colóquese erguida, con las manos en la cintura y los hombros relajados. Tense los abdominales para elevar el feto y dé un paso lateral con la pierna izquierda, hasta una separación cómoda.

Incline la pelvis

No tense las rodillas mientras desplaza la pierna

2
Flexione la pierna hasta devolverla a la posición inicial, que el pie derecho toque el izquierdo. Repita estos dos pasos laterales hacia la derecha y continúe como se ha indicado. Mantenga la espalda recta y la parte superior del cuerpo erguida.

Tense los abdominales

Compruebe que las caderas estén derechas y equilibradas durante todo el movimiento

PRECAUCIÓN

Si nota molestias en el hueso o en la zona del pubis, desplace menos la pierna. No obstante, si persisten las molestias, deje de hacer el ejercicio.

Mantenga el pie apoyado en el suelo para evitar que este movimiento resulte demasiado brusco

ejercicios aeróbicos

elevación lateral de brazos

de arriba abajo

Una vez domine los movimientos de pies, y siempre que no esté demasiado cansada, puede hacer una sesión más exigente incluyendo movimientos de brazos, que hacen trabajar a los músculos del tronco. La página siguiente incluye una muestra más amplia de movimientos de brazos.

SUAVE
16 pasos alternos

MODERADO
24 pasos alternos

INTENSO
32 pasos alternos

Relaje los hombros

Controle el movimiento de los brazos, no los levante demasiado

Tense los abdominales

Incline la pelvis

1 Con los pies juntos, incline la pelvis y encoja los abdominales. Dé un paso lateral con la pierna derecha y, al mismo tiempo, levante los brazos lateralmente a la altura de los hombros. Relaje los hombros, sin subirlos, y estire la espalda.

2 Toque con el pie izquierdo el lateral del pie derecho, como en la posición de partida, y al mismo tiempo, baje los brazos estirándolos a ambos lados del cuerpo. Después, vuelva a levantar los brazos y repita el movimiento dando un paso lateral con la pierna izquierda.

ejercicios aeróbicos

variaciones de ejercicios de brazos

elevación lateral de brazos «flexionando» los bíceps

1

Con los codos relajados y los puños ligeramente cerrados, flexione los codos para acercar los puños a los hombros, al tiempo que da un paso lateral.

2

Con los codos pegados al cuerpo, flexione los antebrazos hacia los hombros al «tocarse». Mantenga el pecho erguido y los hombros relajados.

con «flexión y extensión hacia arriba»

1

Estire ambos brazos hacia delante y arriba al tiempo que da el paso lateral. No levante los brazos por encima de la cabeza, puesto que podría arquear la espalda.

2

Con los puños ligeramente cerrados, baje los brazos encogiéndolos hacia atrás. Junte los omoplatos y mantenga tensos los abdominales.

con «flexión y extensión»

1

Extienda los brazos hacia delante, a la altura de los hombros, mientras da un paso lateral. Procure no tensar los codos y que los hombros estén relajados.

2

Con los puños ligeramente cerrados, flexione los codos y encoja los brazos para «tocarse». Con los codos levantados, junte los omoplatos.

ejercicios aeróbicos

Clavar el talón

SUAVE
16 repeticiones alternas

MODERADO
16 repeticiones alternas

INTENSO
32 repeticiones alternas con flexión y extensión

1
Colóquese con los pies algo más separados que la cadera y las rodillas relajadas. Incline la pelvis y tense los abdominales. Ponga las manos en la cintura y desplace el peso del cuerpo a la pierna izquierda. Permanezca erguida, con el pecho estirado y relaje los hombros.

2
Doble la rodilla izquierda y extienda la pierna derecha hacia delante, flexionando el pie y tocando el suelo con el talón. Mantenga las caderas alineadas y la pelvis inclinada para evitar que la espalda se arquee. Repita con la otra pierna; a continuación, prosiga siguiendo las indicaciones sugeridas.

Tome impulso estirando de la cadera de apoyo para asegurar la alineación de las caderas

Apoye el tobillo con firmeza para que el pie no resbale

«Clave» el talón en el suelo lo más lejos posible

¿SE SIENTE CON ENERGÍAS?

▶ Incorpore la elevación lateral de brazos con «flexión y extensión» (véase pág. 24).

▶ Doble más la rodilla de apoyo mientras «clava» el pie en el suelo con suavidad.

▶ Incorpore la elvación lateral de brazos con «flexión y extensión hacia arriba» (véase pág. 24): empiece con los dos brazos extendidos hacia delante y arriba, y encoja los codos mientras «clava» el talón en el suelo con suavidad (como se muestra en la fotografía superior).

ejercicios aeróbicos

estiramiento lateral de punta

SUAVE
4 series de
4 estiramientos
en cada lado

MODERADO
8 series de
4 estiramientos
en cada lado

INTENSO
16 series de
4 estiramientos
en cada lado

¿SE SIENTE CON ENERGÍAS?

▶ Puede ejercitar el tronco levantando lateralmente ambos brazos a la altura de los hombros cada vez que toca el suelo con la punta del pie (como muestra la fotografía superior).

▶ Flexione más la pierna de apoyo al estirar lateralmente la otra pierna.

▶ Realice los movimientos de estiramiento lateral con más lentitud y control, para incrementar la intensidad aeróbica de este ejercicio.

1
Colóquese con los pies juntos y las manos en la cintura. Con la pelvis inclinada, relaje los hombros, sin subirlos; saque pecho y estire la columna.

2
Flexione la rodilla derecha y extienda lateralmente la pierna izquierda, manteniéndola estirada, hasta tocar el suelo con la punta del pie. El peso del cuerpo debe descansar en la pierna derecha. Mantenga las caderas alineadas y la pelvis inclinada para no arquear la espalda. Haga cuatro con la pierna izquierda y, a continuación, cuatro con la derecha.

Compruebe que las rodillas no estén tensas

Asegure bien los tobillos para que los pies no resbalen

Mantenga las caderas alineadas, sobre todo mientras cambia de pierna

Asegúrese de flexionar la rodilla de apoyo

Toque el suelo lateralmente con la punta del pie, lo más lejos posible

ejercicios aeróbicos

elevación de rodillas

SUAVE
16 repeticiones alternas

MODERADO
32 repeticiones alternas

INTENSO
32 repeticiones alternas con flexión y extensión de brazos

Tense los abdominales para sostener al feto y la espalda

Compruebe que las rodillas no están tensas

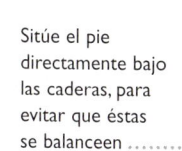

Sitúe el pie directamente bajo las caderas, para evitar que éstas se balanceen

Asegure bien el tobillo de apoyo para que los pies no resbalen

¿SE SIENTE CON ENERGÍAS?

▶ Suba más la rodilla (como se ve en la foto superior), y levante los brazos a la altura de los hombros antes de tocar la rodilla contraria.

▶ Flexione la rodilla de apoyo con cuidado mientras levanta la pierna.

▶ Combine este ejercicio y el movimiento de brazos con flexión y extensión (véase pág. 24). Con los brazos a la altura de los hombros, «encójalos» acercándolos al cuerpo mientras levanta la rodilla, y estírelos mientras la baja.

1 Con los pies separados a la altura de las caderas, relaje los brazos a ambos lados del cuerpo e incline la pelvis.

2 Con la espalda recta, levante la rodilla derecha hasta la altura de la cadera y toquela con la mano izquierda. Saque pecho y relaje los hombros, sin subirlos. Es posible que necesite girar la rodilla ligeramente hacia fuera para no golpearse el abdomen. Baje la pierna derecha, repita el movimiento con la pierna izquierda, procurando impulsarse desde la cadera de apoyo. Prosiga siguiendo las indicaciones de más arriba.

ejercicios aeróbicos

flexión de rodillas

describiendo círculos con los brazos

PRECAUCIÓN

Si nota molestias en la zona del pubis mientras hace el ejercicio, reduzca la separación de las piernas. Si las molestias persisten, deje de hacerlo.

Incline la pelvis

Tense los abdominales

1 Colóquese de pie, con los pies algo más separados que la cadera y las puntas vueltas hacia fuera. Levante los dos brazos lateralmente a la altura de los hombros.

2 Con los talones pegados al suelo, flexione las rodillas empezando a describir un círculo con los brazos por delante del tronco.

SUAVE
8 flexiones de las rodillas

MODERADO
16 flexiones de las rodillas

INTENSO
24 flexiones de las rodillas

Mantenga el tronco recto mientras flexiona las rodillas

Apriete las nalgas mientras flexiona las rodillas

Permanezca erguida

Note cómo, al elevarse, tira la musculatura de los muslos

Asegúrese de tener la espalda estirada

Procure no tensar las rodillas mientras las endereza

3 En el momento de máxima flexión, continúe describiendo el círculo con los brazos, cruzando las manos por delante del cuerpo.

4 Enderece las rodillas lentamente y vaya subiendo los brazos para continuar con el amplio movimiento circular.

5 Enderece las rodillas del todo y abra los brazos por encima de la cabeza. Baje los brazos y repita el ejercicio según las indicaciones que le correspondan.

ejercicios aeróbicos

flexión de rodillas con estiramiento de brazos

SUAVE
16 repeticiones alternas

MODERADO
32 repeticiones alternas

INTENSO
32 repeticiones alternas

¿SE SIENTE CON ENERGÍAS?

- Flexione un poco más las rodillas
- Extienda el brazo hacia delante en diagonal y hacia arriba.
- Estire al máximo la pierna extendida para ampliar el movimiento.

Mantenga la pelvis inclinada durante todo el ejercicio

Tense los abdominales

No bloquee las rodillas

1
Sitúese con los pies algo más separados que las caderas y las puntas de los pies hacia fuera. Eleve los dos brazos lateralmente a la altura de los hombros. Mientras flexiona las dos piernas, acerque las manos al pecho y mantenga el peso del cuerpo ligeramente inclinado hacia delante.

2
Enderece las rodillas, cargue el peso del cuerpo en la pierna derecha, toque la parte exterior del pie izquierdo y estire la pierna. Al mismo tiempo, desplace la mano izquierda al frente y a la izquierda, a un lado, a la altura de los hombros.

Mantenga los codos elevados a la altura de los hombros

Asegúrese de que, mientras flexiona, las rodillas estén por encima de la punta del pie

3
Desplace el peso del cuerpo al centro, flexione las rodillas y acerque las manos al pecho. El cuello está estirado, los hombros, relajados y el pecho, erguido.

4
Desplace el peso del cuerpo a la pierna izquierda, toque la parte exterior del pie derecho, con la pierna estirada e invierta la posición del brazo. Prosiga con las indicaciones de la parte superior.

Tome impulso desde la cadera de apoyo mientras carga el peso del cuerpo para mantener las caderas alineadas

ejercicios aeróbicos

flexión de rodillas

con balanceo de brazos

- **SUAVE** — 16 repeticiones alternas
- **MODERADO** — 32 repeticiones alternas
- **INTENSO** — 32 repeticiones alternas

1 Colóquese con los pies algo más separados que las caderas. Flexione las rodillas con suavidad y balancee las manos hacia la izquierda por delante del tronco.

Relaje los hombros, sin subirlos

Incline la pelvis mientras flexiona

Mueva los brazos de manera suave y continua

Haga enérgicos movimientos de brazos arriba y abajo

Tense los abdominales

Tome impulso partiendo de la cadera de apoyo mientras desplaza el peso del cuerpo

Asegúrese de que flexiona con las rodillas paralelas a las puntas de los pies

Separe el pie al máximo

2 Enderece las rodillas al subir y toque el suelo con la punta del pie, balanceando los brazos hacia arriba y hacia la izquierda.

3 Vuelva a desplazar el peso del cuerpo hacia el centro, flexionando las rodillas y, al mismo tiempo, baje de nuevo los brazos.

4 Enderece las rodillas y separe el pie izquierdo; esta vez, llevando las manos hacia la derecha y arriba. Prosiga con las instrucciones de la parte superior.

ejercicios aeróbicos

paso adelante con palmada

SUAVE — 30 segundos
MODERADO — 1 minuto
INTENSO — 2 minutos

¿SE SIENTE CON ENERGÍAS?

- Flexione más la rodilla mientras adelanta la pierna para trabajar la musculatura de los muslos.
- Dé pasos más largos y realice movimientos de brazo más amplios. Insista en el movimiento de los brazos por detrás del tronco.
- Haga de este ejercicio una carrera continua dedicándole más tiempo.

1 Sitúese erguida, con los pies separados unos centímetros. Mantenga los brazos a ambos lados del cuerpo y cierre los puños.

2 Adelante el pie derecho. Flexione las dos rodillas y, con los codos doblados, lleve los brazos hacia delante.

Alargue la espalda en todo momento

Mantenga la columna estirada y erguida mientras desplaza los brazos hacia delante

No saque las caderas cuando adelante el pie

Incline la pelvis

3 Ponga de nuevo el pie izquierdo en la posición inicial, junto al derecho, echando los codos hacia atrás en un movimiento de vaivén. Mantenga la espalda erguida y relaje los hombros, sin subirlos.

Apoye bien las plantas de los pies cuando estén juntos

4 Con los dos pies dirigidos al frente y los abdominales tensos, repita el paso haciendo amplios movimientos de brazo.

5 Esta vez, adelante el pie derecho como se ve en la imagen y dé una palmada con los brazos a la altura de los hombros. Dé la vuelta y repita el ejercicio con el pie izquierdo.

ejercicios aeróbicos

Caminar a grandes zancadas

SUAVE — 30 segundos
MODERADO — 1 minuto
INTENSO — 2 minutos

Mantenga los codos flexionados y súbalos a la vez que acelera el ritmo

1
Camine por la habitación dando zancadas enérgicas y amplias. Mantenga el pecho erguido y relaje los hombros.

Dé las zancadas con una amplitud que le resulte cómoda

Relaje los hombros, sin subirlos

Procure no agachar la cabeza

Verifique que inclina el peso del cuerpo ligeramente hacia delante

Elévese partiendo de la cadera cada vez que da un paso, para evitar un excesivo balanceo

Tense los abdominales

4
Para darse la vuelta, hágalo levantando las rodillas. Trate de mantener las caderas alineadas y, en cada paso, apoye los pies en el suelo con suavidad.

Ejecute en todo momento un movimiento tacón-punta

2
Con los codos flexionados, vaya subiéndolos cada vez más, al tiempo que acelera el ritmo. Recuerde no subir los hombros.

3
Asegúrese de que el tacón pisa el suelo primero y apoye toda la planta del pie en cada paso. Incline la pelvis y tense los abdominales.

PRECAUCIÓN
Si nota molestias en el hueso pubiano mientras realiza el ejercicio, reduzca la amplitud de la zancada. Si las molestias persisten, es aconsejable dejar de hacer este ejercicio.

ejercicios aeróbicos

*e*stiramiento de pierna apoyada en la pared

1

Sitúese delante de una pared, a un paso de distancia. Inclínese ligeramente hacia delante y apoye en ella las palmas de las manos a la altura de los hombros. Incline la pelvis y tense los músculos abdominales.

Apriete las nalgas y permanezca erguida al empezar y en los cambios de pierna

PRECAUCIÓN

Si nota molestias en la parte baja de la espalda mientras realiza el ejercicio, asegúrese de que la pelvis esté inclinada y la musculatura abdominal, contraída. Si las molestias persisten, es recomendable dejar de hacer el ejercicio.

SUAVE
8 estiramientos alternos

MODERADO
16 estiramientos alternos

INTENSO
32 estiramientos alternos

2

Flexione la pierna derecha y, **poco a poco**, vaya estirando hacia atrás la pierna izquierda, tocando el suelo con la punta del pie. Al mismo tiempo, eche el tronco hacia delante para no arquear la espalda. Recupere la posición de partida, apriete los glúteos y permanezca erguida; a continuación, flexione **despacio** la pierna izquierda y estire hacia atrás la derecha. Prosiga con las indicaciones del parte superior.

Incline el tronco hacia delante

Elévese partiendo de la cadera de apoyo, manteniendo ambas caderas alineadas y frente a la pared

Flexione la rodilla de apoyo

El talón trasero no toca el suelo

ejercicios aeróbicos

Paso lateral doble

con movimiento circular de brazos

SUAVE
8 pasos laterales alternos

MODERADO
16 pasos laterales alternos

INTENSO
16 pasos laterales alternos

1
Empiece con los pies juntos y balancee los dos brazos hacia la derecha, a la altura de los hombros.

Tense los abdominales para sostener al feto y la espalda

2
Con las caderas alineadas y derechas, dé un paso lateral hacia la izquierda y, con suavidad, flexione las dos piernas mientras, desde abajo, empieza a describir un círculo con los brazos. Mantenga la pelvis inclinada.

Flexione más las rodillas para obtener un ejercicio más exigente

3
Asegúrese de que realiza un movimiento suave y continuo, lo más amplio posible

Continúe describiendo el círculo, balanceando las manos hacia la izquierda y arriba mientras carga el peso del cuerpo en la pierna izquierda. Recuerde tomar impulso estirando la columna; note un estiramiento en todo el costado derecho.

Las caderas están alineadas y derechas

Durante el movimiento ascendente, eche las manos ligeramente hacia delante para no arquear la espalda

4
Cierre el pie derecho llevándolo junto al izquierdo, con los brazos paralelos por encima de la cabeza. Ahora dé otro paso a la izquierda, describiendo de nuevo un círculo con los brazos. Termine el movimiento con el peso del cuerpo cargado en la pierna izquierda, el pie derecho tocando el suelo y los brazos estirados hacia el techo. Haga una pausa, estire la columna, y saque pecho antes de repetir toda la secuencia hacia la izquierda. Prosiga con las indicaciones de la parte superior.

ejercicios aeróbicos

Subir y bajar steps

SUAVE	MODERADO	INTENSO
30 segundos	*1 minuto*	*2 minutos*

1 Colóquese junto a un step (o el primer escalón de una escalera). Apoye las manos en la cintura, tome impulso desde la cadera izquierda y ponga el pie derecho encima del step.

Suba sin desplazarse hacia delante

Sitúese cerca del step

2 Incline la pelvis, tense los abdominales, y suba al step con el pie derecho, manteniendo las caderas alineadas y el peso inclinado ligeramente hacia delante. Saque pecho y relaje los hombros, sin subirlos.

3 Con la espalda y el pecho erguidos, y la pelvis inclinada, suba el pie izquierdo al step y sitúelo junto al derecho.

Mantenga la cabeza recta y alineada con la columna

Elévese partiendo de la cadera de apoyo cada vez que suba al step

Suba de manera lenta y acompasada

No bloquee las rodillas al enderezarlas

4 Baje el pie derecho del step y colóquelo junto al izquierdo. Repita el ejercicio trabajando la pierna derecha y prosiga de acuerdo con las instrucciones que le correspondan.

No desplace las caderas a los lados

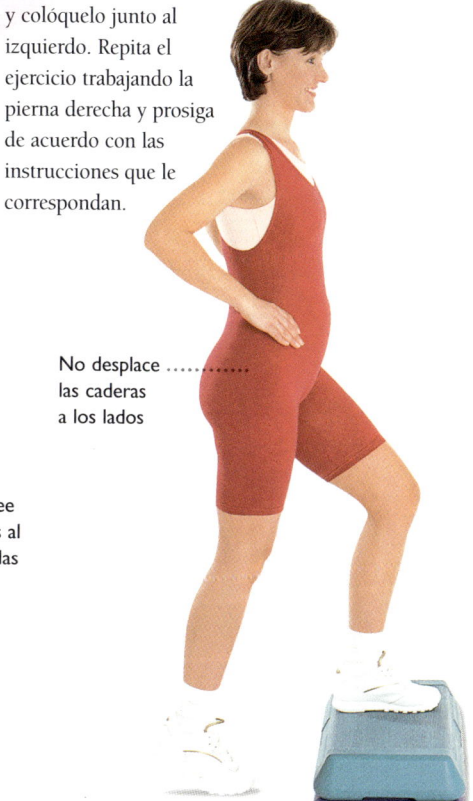

FORTALECIMIENTO Y TONIFICACIÓN

Estos ejercicios fortalecen los músculos y desarrollan su resistencia; de este modo, usted mejora la postura y consigue con ello que las tareas cotidianas le resulten más fáciles de hacer, y que aumente el ritmo de su metabolismo. Los músculos que no ejercite se encogerán y darán muestras de flacidez, mientras que los músculos trabajados tendrán mayor firmeza.

He escogido expresamente cada ejercicio para centrar el trabajo físico en músculos concretos que requieren un mayor fortalecimiento durante el embarazo y el período posparto. Para conseguir resultados, debe repetir cada ejercicio dos veces tras una breve pausa. Si lo desea, puede utilizar pesas pequeñas o bandas elásticas de resistencia para incrementar la intensidad de la sesión.

fortalecimiento y tonificación

elevación de glúteos

Para fortalecer la musculatura de las nalgas, que le ayuda a inclinarse y levantarse.

SUAVE
2 series de
8 repeticiones
con cada pierna

MODERADO
2 series de
16 repeticiones
con cada pierna

INTENSO
3 series de
16 repeticiones
con cada pierna

1
Colóquese delante de una pared, a un paso de distancia, con los pies paralelos y algo más separados que las caderas. Inclínese hacia delante con suavidad y apoye las manos en la pared a la altura de los hombros. Estire la pierna derecha hacia atrás, manteniéndola recta, y toque el suelo con la punta del pie. Tome impulso apoyándose en la pierna izquierda para conseguir que las caderas estén alineadas.

2
Con el tronco hacia delante y las caderas paralelas a la pared, apriete las nalgas y estire hacia atrás la pierna derecha hasta una altura cómoda. Lentamente, vaya bajando la pierna hacia el suelo y súbala apoyándose en la cadera izquierda. Prosiga con las indicaciones de la parte superior; a continuación, haga lo mismo con la pierna izquierda.

Relaje los hombros y encárelos a la pared

Incline el tronco hacia delante desde las caderas

Mantenga la pelvis inclinada

Verifique que las caderas estén alineadas con los pies y encaradas a la pared

Levante la pierna al máximo sin torcer las caderas

Tense los abdominales

Haga una breve pausa si empieza a sentir molestias en la cadera de apoyo

Hasta las 28 semanas...

...puede hacer el ejercicio arrodillada, pero procure no arquear la espalda. No se sitúe en esta posición si siente náuseas o padece acidez de estómago.

▶ Colóquese a cuatro patas con los codos apoyados en el suelo.

▶ Con la cabeza y la columna alineadas, estire hacia atrás una pierna y levántela al máximo. Bájela y cambie de pierna. Realice las series correspondientes a su nivel.

PRECAUCIÓN
Incline hacia delante el tronco y no levante demasiado la pierna, ya que esto provoca tensión en la parte baja de la espalda; es fundamental realizar el movimiento de manera controlada.

fortalecimiento y tonificación

flexión de tendones de la corva

Para fortalecer la musculatura trasera del muslo, que le ayuda a doblarse y levantarse.

SUAVE
2 series de
8 repeticiones
con cada pierna

MODERADO
2 series de
16 repeticiones
con cada pierna

INTENSO
3 series de
16 repeticiones
con cada pierna

Hasta las 28 semanas...

...puede hacer el ejercicio de rodillas, pero no arquee la espalda. Deje de hacerlo si siente náuseas o acidez de estómago.

▶ Colóquese a gatas con los codos apoyados en el suelo.

▶ Con la cabeza y la columna alineadas, estire hacia atrás una pierna, flexione la rodilla y levántela al máximo; bájela y repita el ejercicio siguiendo las indicaciones que le correspondan; a continuación, cambie de pierna.

1
Colóquese frente a una pared, a un paso de distancia, con los pies separados a la altura de la cadera. Inclínese ligeramente hacia delante y apoye las manos en la pared a la altura de los hombros. Eche la pierna derecha hacia atrás y estírela. Con el tronco hacia delante, flexione el pie derecho y empiece a levantar la pierna.

2
Con el muslo subido y las caderas encaradas a la pared, flexione la rodilla derecha acercando el talón a las nalgas. Enderece la rodilla y prosiga con las indicaciones de la parte superior.

Los hombros deben estar relajados y frente a la pared

Incline la pelvis

Compruebe que las dos caderas estén alineadas con los pies y frente a la pared

Tense los abdominales

Incline el tronco hacia delante desde las caderas

PRECAUCIÓN

Mantenga el tronco hacia delante y no levante la pierna en exceso, ya que esto provoca tensión en la parte baja de la espalda; debe realizar el movimiento de forma controlada.

fortalecimiento y tonificación

flexiones con las piernas separadas

Para fortalecer los cuádriceps y la musculatura de los glúteos, que le ayudarán a inclinarse y levantarse.

SUAVE
2 series de
8 repeticiones
con cada pierna

MODERADO
2 series de
16 repeticiones
con cada pierna

INTENSO
3 series de
16 repeticiones
con cada pierna

Otra posibilidad...

Este ejercicio requiere bastante esfuerzo; por lo tanto, al principio realice sólo una ligera flexión. Puede doblarse más cuando las piernas se hayan fortalecido. Si este ejercicio le resulta incómodo, o demasiado cansado para sus rodillas, repita las flexiones de rodilla del calentamiento (véase pág. 4).

1

Coloque a su izquierda una silla y apoye la mano izquierda en el respaldo para sostenerse mejor. Con los pies algo más separados que la cadera y mirando al frente, dé un paso hacia atrás con la pierna derecha y levante el talón del suelo; asegúrese de que carga el peso del cuerpo en el centro. Incline la pelvis y permanezca erguida.

····Tense los abdominales

2

Con la espalda erguida y los abdominales tensos, flexione lentamente las dos rodillas acercando la derecha al suelo. Mantenga alineados la rodilla izquierda con el tobillo izquierdo, y la rodilla derecha con la cadera derecha. Poco a poco, vaya subiendo el cuerpo hasta recuperar la posición de partida, pero no bloquee las rodillas. Incline de nuevo la pelvis y tense los abdominales. Repita el ejercicio siguiendo las indicaciones que le correspondan; a continuación, cambie de lado.

Estire la columna
····· y saque pecho

Mantenga
la rodilla
adelantada
por encima
del tobillo

Cuánto más
flexione, más
difícil resulta
el ejercicio ··········

fortalecimiento y tonificación

extensión de piernas

Para fortalecer el cuádriceps (la musculatura frontal del muslo) y para mejorar la resistencia de las rodillas.

SUAVE
2 series de
8 repeticiones
con cada pierna

MODERADO
2 series de
16 repeticiones
con cada pierna

INTENSO
3 series de
16 repeticiones
con cada pierna

Otra posibilidad...

Tal vez le resulte más cómodo hacer el ejercicio sentada: siéntese erguida en una silla de respaldo fuerte (o póngase un cojín en la espalda para apoyarse), y vaya estirando y encogiendo cada pierna. ¡Incluya este ejercicio en el programa oficial!

1

Colóquese junto a una silla y apoye la mano izquierda en el respaldo para sostenerse mejor. Con los pies ligeramente separados y la mano derecha en la cintura, desplace el peso del cuerpo a la pierna izquierda y tome impulso apoyándose en la cadera. Con la pelvis inclinada y los abdominales tensos, levante la pierna derecha, a una altura cómoda.

2

Con el muslo en alto, vaya enderezando poco a poco la pierna derecha, pero sin bloquear la rodilla. A continuación, vuelva a doblar la rodilla asegurándose de que el muslo sigue elevado. Realice las repeticiones recomendadas, estirando de la cadera izquierda para mantenerla alineada con la cadera derecha.

Compruebe que el muslo sigue elevado mientras endereza la pierna

No tense la rodilla de apoyo

Relaje la punta del pie

Asegure bien el tobillo de apoyo

fortalecimiento y tonificación

elevación de pantorrillas

Para fortalecer los músculos de la pantorrilla y estimular la circulación sanguínea en las piernas. Este ejercicio le resultará de mucha utilidad si sufre varices.

SUAVE
2 series de
8 repeticiones

MODERADO
2 series de
16 repeticiones

INTENSO
3 series de
16 repeticiones

PRECAUCIÓN

La repetición excesiva del ejercicio en rápida sucesión puede provocar calambres musculares. ¡No se pase!

1

Colóquese frente a una pared, a un paso de distancia, con los pies ligeramente separados y las rodillas relajadas. Con la columna estirada, desplace el peso del cuerpo ligeramente hacia delante, apoye las manos en la pared con suavidad y mantenga la vista al frente.

2

Con las puntas de los pies encaradas a la pared y el peso del cuerpo repartido entre las dos piernas por igual, vaya poniéndose de puntillas poco a poco. Asegúrese de que el peso del cuerpo se incline apoyándose en los dedos de los pies y que el pecho esté erguido. Mientras se va elevando, estire la columna y tense los abdominales. Aguante la posición y, seguidamente, baje los talones y toque el suelo con suavidad. Repita el ejercicio siguiendo las indicaciones de la parte superior.

Mantenga la pelvis inclinada

Contraiga los abdominales

Verifique que el peso del cuerpo esté inclinado hacia delante para que no se caiga sobre los talones

Asegure bien los tobillos mientras se eleva para que la articulación no se tambalee

Levante el arco del pie al máximo

fortalecimiento y tonificación

flexión de bíceps

Para fortalecer los músculos anteriores de la parte superior del brazo, que le ayudan a levantar y transportar cosas.

SUAVE
2 series de
8 repeticiones

MODERADO
2 series de
16 repeticiones

INTENSO
3 series de
16 repeticiones

Otra posibilidad...

◄◄ Este ejercicio puede combinarse con flexiones de rodilla (véase pág. 4). Colóquese de pie, con los pies algo más separados que las caderas. Mientras flexiona las piernas, doble hacia arriba ambos brazos acercándolos a los hombros, en un movimiento controlado. Baje los brazos mientras endereza las piernas.

Es posible que le resulte más cómodo hacer el ejercicio sentada en una silla, siempre y cuando tenga espacio suficiente para enderezar por completo los brazos. Siéntese erguida en una silla fuerte, o póngase un cojín en la espalda para apoyarse, y vaya subiendo y bajando los brazos, con los antebrazos y las muñecas alineados. ►►►

PRECAUCIÓN

Si se empieza a marear tras varias repeticiones, combine este ejercicio con flexiones de rodilla o haga la versión sentada (véase recuadro superior). Procure no inclinarse hacia atrás cuando suba los brazos.

1

Colóquese con los pies algo más separados que la cadera y relaje las rodillas. Deje caer los brazos a ambos lados del cuerpo con los codos rectos, pero sin bloquearlos, y sujete con firmeza una pesa en cada mano. Con las palmas de las manos vueltas hacia el cuerpo, incline la pelvis, contraiga los abdominales y permanezca erguida.

2

Con los codos pegados al cuerpo, y las muñecas alineadas con los antebrazos, vaya flexionando hacia arriba los brazos, **poco a poco**, acercándolos a los hombros. Mantenga el pecho erguido y compruebe que tiene los hombros relajados, bajos y echados hacia atrás. Baje los brazos despacio, ejerciendo resistencia para recuperar la posición de partida, con cuidado para que los codos no se bloqueen. Deténgase unos momentos y, a continuación, haga las repeticiones recomendadas.

Compruebe que el peso del cuerpo esté equilibrado entre ambos pies

No tense las rodillas

fortalecimiento y tonificación

ejercicios del suelo pélvico

Para fortalecer los músculos del suelo pélvico, que sostienen al feto, y reducir el riesgo de incontinencia de esfuerzo durante el embarazo y el período posparto.

SUAVE

MODERADO

INTENSO

Lento: 4 series de 4 repeticiones

Rápido: 4 series de 6 repeticiones

Puede hacer estos ejercicios en cualquier posición (tumbada, de pie o sentada) sin que nadie se percate de ello, así que procure hacerlos cuantas veces pueda (en la oficina, en el automóvil, mientras ve la televisión). No obstante, **no** los haga mientras esté orinando, puesto que podría contraer infecciones.

1

Contracciones lentas. Colóquese de pie, sentada o tumbada, con los pies ligeramente separados. Suba y contraiga los músculos que rodean el esfínter anal y mantenga la posición unos momentos. A continuación, contraiga también los músculos que rodean el esfínter urinario y vaya subiendo la contracción hasta la vagina. Mantenga esta posición mientras cuenta hasta seis, relaje de manera controlada y repita las veces que se indican en la parte superior derecha. Si realiza estos ejercicios por primera vez, puede que tenga dificultades para moverlos por separado. La práctica le ayudará.

Relaje el resto del cuerpo y siga respirando durante todo el ejercicio

2

Contracciones rápidas. Colóquese de pie, sentada o tumbada, con los pies ligeramente separados. En una sola contracción, encoja todos los músculos del suelo pélvico. Mantenga la posición mientras cuenta hasta uno y, a continuación, relaje lentamente y de manera controlada. Prosiga de acuerdo con las indicaciones de la parte superior.

Procure no tensar los músculos abdominales ni los de las nalgas

fortalecimiento y tonificación

SÓLO DURANTE EL PRIMER TRIMESTRE

inclinación de pelvis tumbada

Para conseguir una correcta alineación de la espalda y ejercitar los abdominales.

SUAVE	MODERADO	INTENSO
2 series de 8 repeticiones	2 series de 16 repeticiones	3 series de 16 repeticiones

ERRORES FRECUENTES

Columna arqueada. Verifique que la espalda esté en contacto con el suelo durante todo el ejercicio. Puede resultar tentador arquear la columna cuando relaje la pelvis, después de haberla inclinado, pero ello podría provocar dolor de espalda.

1 Túmbese boca arriba, con las rodillas flexionadas, los pies algo menos separados que la cadera y las plantas de los pies bien apoyadas en el suelo. Relaje los brazos.

2 Levante el hueso pubiano con suavidad y note como la parte baja de la espalda roza el suelo. Contraiga los músculos abdominales y mantenga la posición mientras cuenta hasta seis; no deje de respirar durante todo el ejercicio. Relaje los músculos de manera controlada y repítalo como se indica en la parte superior.

Mantenga las rodillas flexionadas y las plantas de los pies bien apoyadas en el suelo

Note cómo el abdomen se tensa, hundiéndose hacia la columna

Los glúteos están relajados y en contacto con el suelo

fortalecimiento y tonificación

SÓLO DURANTE EL PRIMER TRIMESTRE

elevación de cabeza y hombros

Para fortalecer los músculos abdominales, que sostienen al feto y la espalda.

SUAVE	MODERADO	INTENSO
2 series de 8 repeticiones	2 series de 16 repeticiones	3 series de 16 repeticiones

ERRORES FRECUENTES

Tensión en el cuello. Compruebe que hay bastante espacio entre la barbilla y el pecho, para no provocar excesiva tensión en el cuello. Si nota que se marea, sostenga la cabeza con una mano para dar apoyo al cuello.

1

Túmbese boca arriba con las rodillas flexionadas y los pies algo menos separados que las caderas, con las plantas de los pies bien apoyadas en el suelo. Ponga las manos en los muslos, incline la pelvis y tense los abdominales.

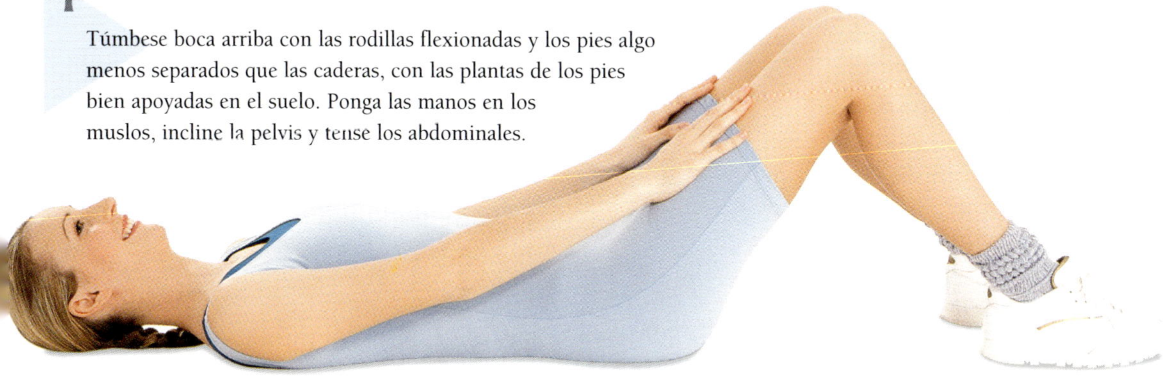

2

Con el abdomen bien tenso, espire y vaya elevando poco a poco la cabeza y los hombros, al tiempo que desliza las manos hacia las rodillas. Deje espacio entre el pecho y la barbilla mientras se eleva. Tense los abdominales e inspire al tiempo que va recuperando la posición inicial. Mantenga la pelvis inclinada y haga las repeticiones recomendadas a un ritmo constante y de forma controlada.

PRECAUCIÓN

Levante la cabeza y los hombros sólo hasta una altura donde pueda mantener el abdomen recto. Si empieza a sobresalir, procure hacer una curvatura más baja.

Compruebe que estira el cuello y que mantiene los hombros bajos

El abdomen debe estar tenso y plano

fortalecimiento y tonificación

SÓLO DURANTE EL PRIMER TRIMESTRE

abdominales boca abajo

Para reforzar los músculos abdominales, que le ayudan a sostener al feto y la espalda.

SUAVE **MODERADO** **INTENSO**

Todos los niveles: 2 series de 8 repeticiones

Otra posibilidad...

Si nota molestias en los senos al tumbarse boca abajo, pruebe a realizar el ejercicio a gatas. Con las manos debajo de los hombros, y el cuello y la espalda en línea, encoja los abdominales metiéndolos hacia la columna. Mantenga la posición y luego relaje los músculos con cuidado.

1

Si está cómoda, túmbese boca abajo con la cabeza girada hacia un lado y la mejilla apoyada en las manos. Relaje los abdominales.

Procure no apretar las nalgas

Durante todo el ejercicio, las piernas deben estar estiradas y relajadas

Note cómo el abdomen se encoge, metiéndose hacia la espalda

2

Ahora despegue el abdomen del suelo metiéndolo hacia la columna; procure no contraer las nalgas, ni tampoco inclinar la pelvis, y relaje el tronco. Mantenga la posición mientras cuenta hasta seis; a continuación, relaje los músculos de forma controlada. No deje de respirar durante todo el ejercicio y haga las series de repeticiones recomendadas.

ERRORES FRECUENTES

Tensión en la espalda. Puede resultar tentador despegar el pecho del suelo mientras hace el ejercicio para reducir la presión en los senos. No lo haga, ya que puede provocar que la espalda se arquee en exceso.

fortalecimiento y tonificación

abdominales a gatas

Para fortalecer los músculos abdominales, que le ayudan a sostener al feto y la espalda.

SUAVE   MODERADO   INTENSO

Todos los niveles: 2 series de 8 repeticiones

PRECAUCIÓN

Tómese un breve descanso si empieza a sentir mareo o náuseas. Tenga cuidado y no deje que la espalda se curve bruscamente cuando relaje los abdominales, puesto que podría suponer demasiada tensión en la columna.

1

Colóquese a cuatro patas, con las rodillas debajo de las caderas, y sitúe las manos justo debajo de los hombros y los dedos extendidos hacia delante. Destense ligeramente los codos, y estire la espalda y el cuello. Permita que el abdomen se relaje, pero vaya con cuidado y no deje que la espalda se arquee.

Compruebe que el cuello y la columna estén alineados

Relaje el abdomen

Sitúe las caderas por encima de las rodillas

2

Espire y meta los abdominales, elevando el feto hacia la columna. Con los codos ligeramente flexionados, mantenga la posición mientras cuenta hasta seis; no se olvide de seguir con ejercicios respiratorios. Controlando, destense los músculos abdominales y relaje el abdomen. Repita el ejercicio siguiendo las indicaciones de la parte superior.

Note cómo el feto se eleva al tensar los abdominales

fortalecimiento y tonificación

flexión de abdominales a gatas

Para fortalecer los músculos abdominales, que le ayudan a sostener al feto y la espalda.

ERRORES FRECUENTES

Columna arqueada. No permita que el peso del abdomen y de los senos le empuje la espalda hacia abajo y le arquee la columna cuando enderece el cuerpo.

Otra posibilidad...

Si esta posición le resulta incómoda porque siente hormigueo en los dedos o se le duermen, apoye los codos en el asiento de una silla fuerte.

1 Colóquese a gatas, con las manos justo debajo de los hombros, los dedos apuntando hacia delante y las rodillas bajo las caderas. Estire la columna y el cuello y tense los abdominales para que la espalda no se arquee.

No bloquee los codos en ningún momento

Enderece la columna para evitar que la espalda caiga de manera brusca

2 Incline la pelvis y eleve al feto en su interior, al tiempo que curva la espalda formando medio óvalo. Respire y mantenga la posición mientras cuenta hasta seis. Vaya enderezándose con suavidad hasta que la espalda y el cuello estén en línea. Prosiga realizando las dos series de ocho repeticiones recomendadas.

Deje que la cabeza se curve hacia delante con suavidad

Tense los abdominales para elevar a su feto al máximo

SUAVE

MODERADO

INTENSO

Todos los niveles: 2 series de 8 repeticiones

fortalecimiento y tonificación

tensión de abdominales

Para fortalecer los músculos abdominales, que sostienen al feto y le ayudan a mantener una postura correcta.

SUAVE   **MODERADO**   **INTENSO**

Todos los niveles: 2 series de 8 repeticiones

1

Siéntese en una silla recia (también puede hacer este ejercicio de pie o sentada en el suelo) y póngase algún cojín en los riñones para apoyarse bien. Relaje los hombros y sitúe los brazos a ambos lados del cuerpo.

2

Tense los abdominales y eleve al feto en su interior. Mantenga la posición mientras cuenta hasta seis; a continuación, relaje con suavidad. Siga respirando durante todo el ejercicio. Repítalo las veces que se indican más arriba. Si le empiezan a doler los músculos, descanse antes de proseguir.

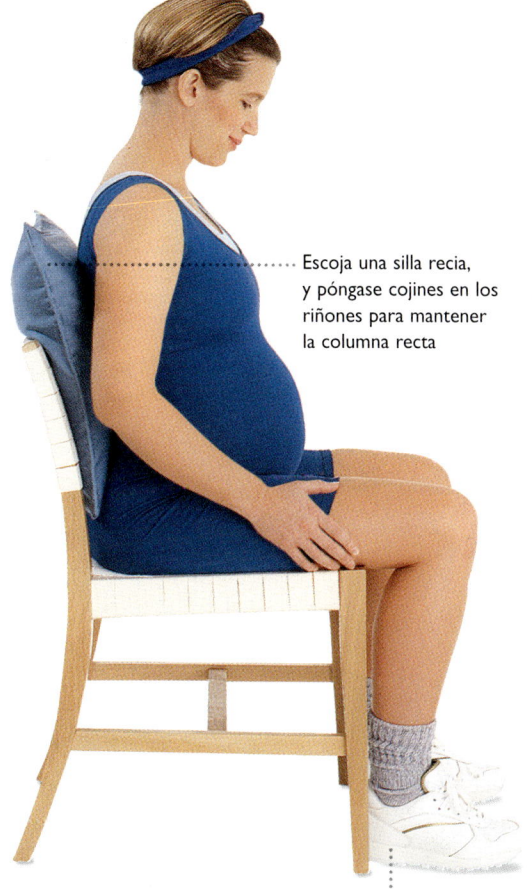

Escoja una silla recia, y póngase cojines en los riñones para mantener la columna recta

Relaje el resto del cuerpo

Observe cómo el abdomen se encoge cuando empuja el feto hacia dentro

Apoye bien las plantas de los pies en el suelo

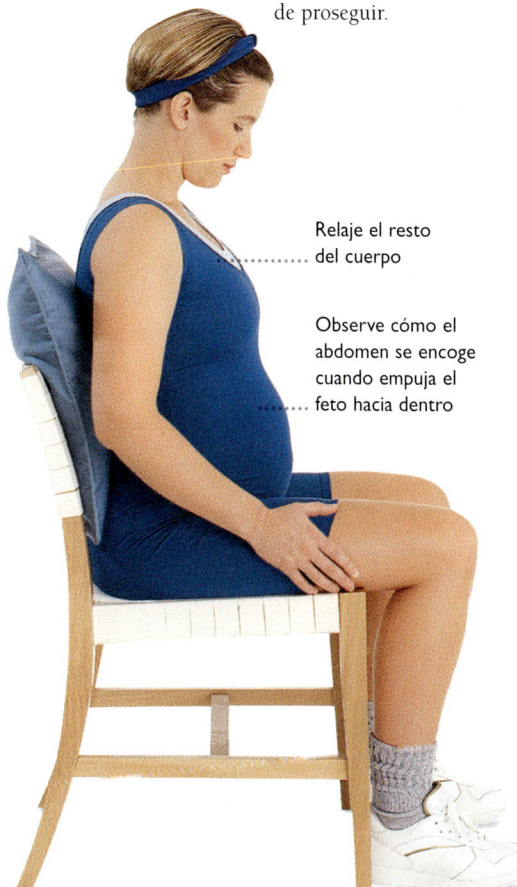

fortalecimiento y tonificación

flexión a gatas

Para fortalecer los pectorales (músculos del pecho), que sostienen los senos, y para tonificar los tríceps (los músculos posteriores del brazo), que le ayudan a levantar y transportar cosas.

1
Colóquese a gatas, con los brazos algo más separados que los hombros, los dedos apuntando hacia delante y las rodillas en línea con las caderas. Con el cuello y la columna alineadas, estire la espalda y tense los abdominales.

Verifique que el peso del cuerpo se apoye en las manos

2
Flexione los codos y vaya acercando la cara al suelo. Mantenga la cabeza y la columna en línea, los codos por encima de las muñecas y el peso del cuerpo inclinado hacia delante mientras va volviendo **poco a poco** a la posición de partida. Relaje los codos. Haga las series y repeticiones recomendadas.

Tense los abdominales para no arquear la espalda

SUAVE	MODERADO	INTENSO
2 series de 4 repeticiones	2 series de 8 repeticiones	2 series de 16 repeticiones

---

Otra posibilidad...

Es posible que este ejercicio le cueste más a medida que el feto vaya creciendo. Si se marea en esta posición, sufre acidez de estómago, molestias en las rodillas u hormigueo en los dedos, pruebe las flexiones de pecho. ¡Incluso puede incorporar esta versión a su horario de oficina habitual!

◄◄ Elija una silla fuerte, con respaldo recto, o póngase un cojín en los riñones como apoyo. Incline la pelvis, levante el pecho y tense los abdominales para sostener al feto y la espalda. Flexione los codos y júntelos por delante del pecho a la altura de los hombros. Si nota molestias en los senos, separe ligeramente los codos.

Con los brazos levantados, separe los codos llevándolos a ambos lados del cuerpo sin arquear la espalda. Mantenga las muñecas y los antebrazos en línea mientras vuelve a juntar los codos por delante del pecho. Si lo desea, sujete una banda elástica de resistencia en la parte superior de la espalda, con los brazos en los laterales a la altura de los hombros. Cruce los brazos por delante del pecho y, a continuación, abra los brazos hacia los laterales. ►►

fortalecimiento y tonificación

elevación de hombros

Para fortalecer el trapecio (la musculatura trasera de la parte superior de la espalda), lo que ayuda a mejorar la postura del tronco.

PRECAUCIÓN

Si se marea después de varias repeticiones, combine este ejercicio con la flexión de las rodillas (véase pág. 4) o haga la versión sentada (véase cuadro).

Otra posibilidad...

Si lo prefiere, puede hacer este ejercicio sentada en una silla. Elija una con respaldo recto o póngase un cojín en los riñones para apoyarse bien. ¡Puede incorporar sin dificultades esta versión a su horario de oficina habitual!

SUAVE 2 series de 8 repeticiones

MODERADO 2 series de 16 repeticiones

INTENSO 3 series de 16 repeticiones

1

Colóquese con las piernas ligeramente más separadas que la cadera y destense las rodillas. Deje caer los brazos a ambos lados del cuerpo y sujete con firmeza una pesa pequeña en cada mano, con las palmas vueltas hacia dentro. Incline la pelvis, tense los abdominales para elevar al feto y permanezca erguida.

Incline la pelvis

Relaje los hombros, sin subirlos

No tense los codos

2

Eleve los hombros acercándolos a las orejas, como si se encogiera de hombros. Cuando llegue arriba, deténgase unos momentos; a continuación, baje empujando los hombros hacia abajo todo lo que pueda. Mantenga los codos relajados, la espalda erguida y el cuello estirado. Después, repita las veces que se indican más arriba.

Tense los abdominales

Verifique que las muñecas y los antebrazos estén en línea

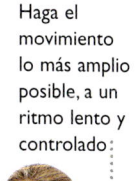

Haga el movimiento lo más amplio posible, a un ritmo lento y controlado

fortalecimiento y tonificación

ejercicio de omoplatos

Para fortalecer el trapecio (la musculatura superior de la parte trasera de la espalda), que le ayuda a mantener los hombros echados hacia atrás y mejora la postura del tronco.

SUAVE
2 series
de 16 repeticiones

MODERADO
3 series
de 16 repeticiones

INTENSO
2 series
de 16 repeticiones
con banda elástica
de resistencia

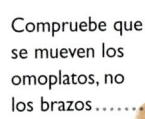

Otra posibilidad...

◀◀◀ Es posible que le resulte más cómodo realizar el ejercicio arrodillada en una alfombra pequeña o una toalla. Incline la pelvis, mantenga la espalda recta y vaya juntando los omoplatos lentamente. Compruebe que tiene los abdominales tensos para que la espalda no se arquee en exceso.

Para aumentar la exigencia del ejercicio, sostenga una banda elástica de resistencia a la altura de los hombros, por delante del tronco. A continuación, con las manos ligeramente separadas, vaya juntando los omoplatos. ▶▶▶

Compruebe que se mueven los omoplatos, no los brazos

Note cómo trabajan los músculos que hay entre los omoplatos

Tense los abdominales

Verifique que las rodillas permanecen relajadas

PRECAUCIÓN

Si empieza a marearse tras unas cuantas repeticiones, es aconsejable hacer el ejercicio caminando sin desplazarse (véase pág. 12), dando pasos laterales dobles (véase pág. 22), o bien arrodillada (véase más arriba).

1 Colóquese con las piernas un poco más separadas que las caderas y no tense las rodillas. Deje caer los brazos relajados a ambos lados del cuerpo. Incline la pelvis y permanezca erguida.

2 Eche los hombros hacia atrás, juntando los omoplatos. La columna está estirada, los hombros, hacia abajo y los abdominales, tensos, para no dejar que la espalda se arquee. Deténgase unos momentos, recupere la posición de partida y repita el ejercicio las veces que se indican más arriba.

fortalecimiento y tonificación

SÓLO DURANTE EL PRIMER TRIMESTRE
extensión de pectorales boca arriba

Para fortalecer los músculos pectorales.

SUAVE
2 series
de 8 repeticiones

MODERADO
2 series
de 16 repeticiones

INTENSO
3 series
de 16 repeticiones

ERRORES FRECUENTES

Columna arqueada. Tense los músculos abdominales para impedir que la columna se arquee en exceso mientras baja los brazos. De esta manera, evitará el dolor de espalda y los espasmos musculares.

1
Túmbese boca arriba con las rodillas flexionadas y los pies bien apoyados en el suelo. Incline la pelvis y tense los abdominales. Con los hombros relajados, coloque los brazos en el suelo a los lados, a la altura de los hombros. Flexione los codos 90º, con los antebrazos tocando el suelo y las palmas de las manos mirando hacia dentro.

Los brazos flexionados forman un ángulo de 90º

Si nota molestias en los senos, separe ligeramente los codos

Tense los abdominales para impedir que la espalda se arquee mientras baja los brazos

Incline la pelvis

2
Lentamente, vaya levantando los brazos hasta juntar los codos y antebrazos por encima del pecho. Los hombros están relajados, sin subirlos, y el cuello, estirado. Poco a poco, baje los brazos situando todo el brazo pegado al suelo en un ángulo de 90º. Siga respirando mientras repite el ejercicio las veces que se recomiendan más arriba.

PRECAUCIÓN

Si tiene sensación de mareo o náuseas mientras realiza el ejercicio, se recomienda no tumbarse boca arriba durante la sesión de gimnasia. Pruebe con las flexiones de pecho sentada o las flexiones a gatas (véase pág. 50).

fortalecimiento y tonificación

elevación del muslo externo

Para fortalecer los músculos de los glúteos (la musculatura de las nalgas y de la parte exterior del muslo), que dan estabilidad a la pelvis.

SUAVE
2 series de
8 repeticiones
con cada pierna

MODERADO
2 series de
16 repeticiones
con cada pierna

INTENSO
3 series de
16 repeticiones
con cada pierna

Otra posibilidad...

Si empieza a sentir molestias en la pierna levantada, flexione ligeramente la rodilla. Eche el peso hacia delante y realice el movimiento poco a poco.

1

Túmbese sobre el costado derecho, con la cabeza apoyada en el brazo derecho, y flexione la rodilla derecha hacia atrás adelantándola un poco (si lo desea, puede ponerse un cojín bajo el abdomen). Enderece la pierna izquierda, flexione el pie y gire la pierna hacia delante de modo que los dedos de los pies apunten al suelo. Con la pelvis inclinada, échese ligeramente hacia delante y coloque la mano izquierda en el suelo, por delante del tronco.

PRECAUCIÓN

Deténgase de inmediato si empieza a sentir dolores en la parte anterior o posterior de la pelvis. Si el ejercicio le produce molestias en esas zonas, compruebe la técnica. Si las molestias persisten, deje de hacer el ejercicio.

Gire hacia delante la parte superior de la cadera; no se eche hacia atrás

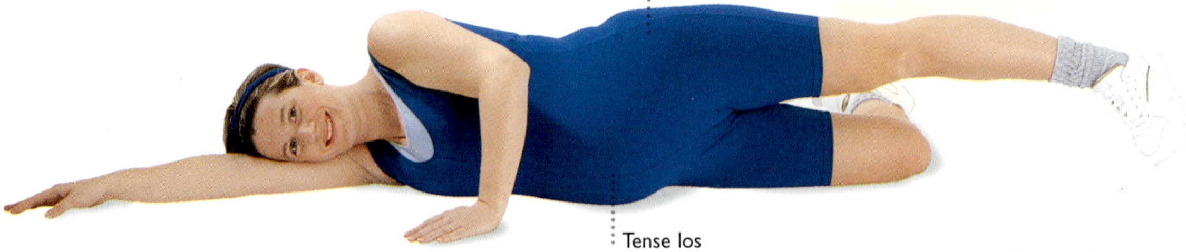

Tense los abdominales

2

Estire la pierna izquierda desde la cadera y vaya levantándola poco a poco, con la cadera echada hacia delante, el pie flexionado y la rodilla relajada. A continuación, vaya bajando la pierna poco a poco, de forma controlada y no la deje caer bruscamente; continúe respirando. Siga las indicaciones que le correspondan y cambie de pierna.

La pelvis inclinada y los abdominales contraídos, para impedir que la espalda se arquee

Proceda lentamente y con cuidado. No caiga en la tentación de desplazar la pierna con brusquedad

fortalecimiento y tonificación

elevación del muslo interno

Para fortalecer los aductores (la musculatura de la parte interna del muslo), que dan estabilidad a la pelvis.

SUAVE
2 series de
8 repeticiones
con cada pierna

MODERADO
2 series de
16 repeticiones
con cada pierna

INTENSO
3 series de
16 repeticiones
con cada pierna

Otra posibilidad…

Si nota molestias en la articulación de la pierna de abajo mientras la está elevando, flexione ligeramente la rodilla. Eche el peso del cuerpo hacia delante y vaya bajando la pierna **despacio**.

PRECAUCIÓN

Si empieza a notar dolores o molestias en la pelvis o en la zona de alrededor, **debe** eliminar este ejercicio de su programa.

1
Túmbese sobre el costado derecho, con la cabeza apoyada en el brazo derecho. Flexione hacia delante la pierna izquierda y coloque la rodilla sobre un par de cojines para mantenerla alineada con las caderas. Como apoyo, coloque la mano izquierda en el suelo, por delante del tronco, y estire la pierna derecha de manera que la cara interna del muslo mire hacia arriba.

Incline la pelvis un poco más si la cadera se le «clava» en el suelo

Tense los abdominales

2
Incline la pelvis, tense los abdominales y estire la pierna derecha desde la cadera. Flexione el pie y levántelo de manera controlada, con la cara interna del muslo hacia arriba y la rodilla relajada. A continuación, vaya bajando la pierna derecha **poco a poco**. Repita el ejercicio las veces recomendadas en la parte superior y cambie de pierna.

Separe el talón del suelo mientras lo eleva

Estiramientos y relajación

Es importante dejar que el cuerpo se recupere por completo después de la sesión de gimnasia. Por lo tanto, he dedicado la parte final de este programa de ejercicios a las técnicas de estiramiento y relajación. Los estiramientos han de ajustarse al tipo de ejercicio que acaba de completar para que todos los músculos trabajados recuperen su longitud habitual. En una sesión de gimnasia completa, los ejercicios de relajación deben seguir a los estiramientos, pero también pueden hacerse solos; así que no deje pasar la oportunidad de relajarse, ya sea al final de la sesión de gimnasia, en el autobús o durante un descanso en la oficina.

estiramientos y relajación

*e*stiramiento de tendones de la corva sentada
Para estirar y alargar la musculatura posterior de los muslos.

SUAVE   MODERADO   INTENSO

Todos los niveles: aguante la posición mientras cuenta hasta 10 con cada pierna

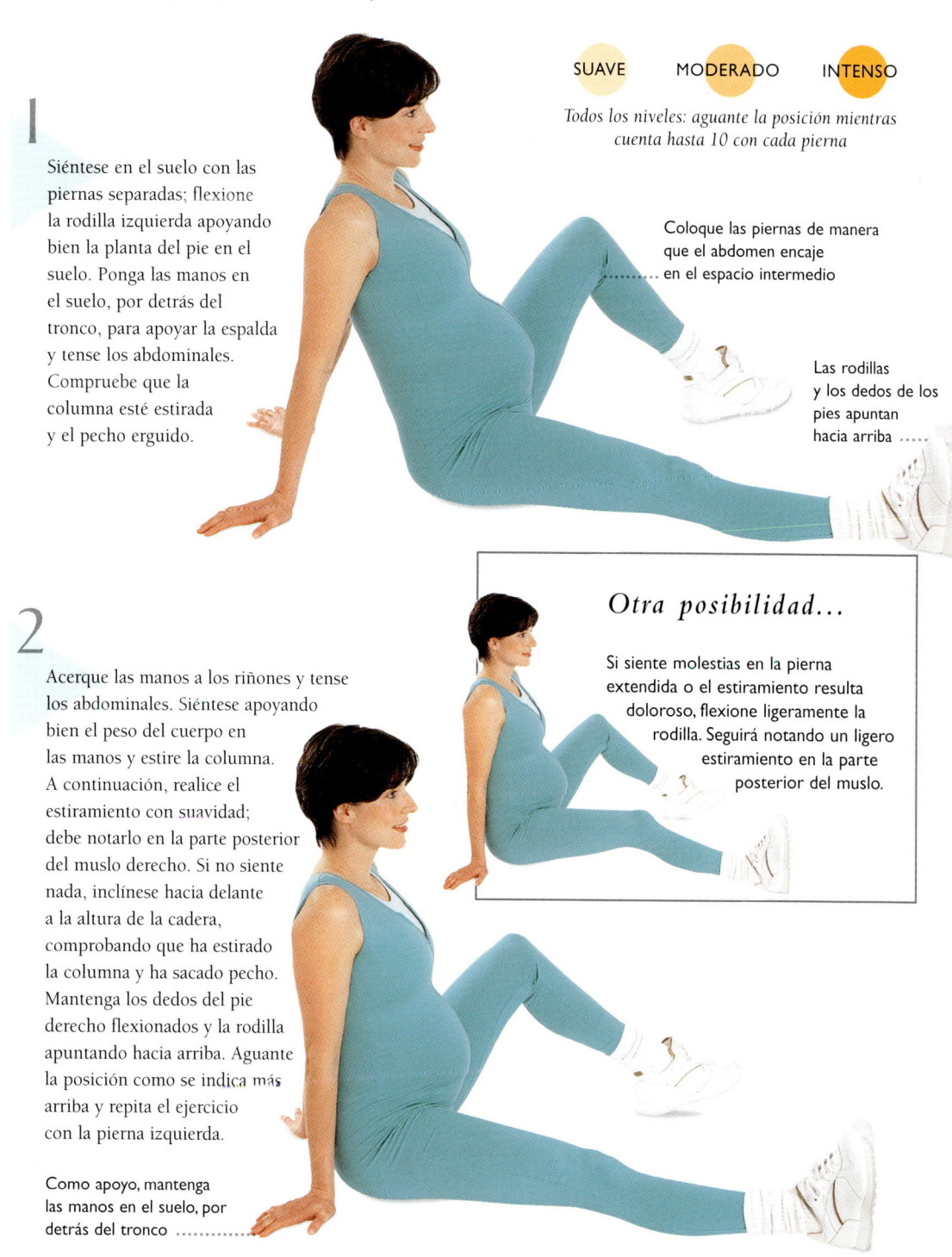

1

Siéntese en el suelo con las piernas separadas; flexione la rodilla izquierda apoyando bien la planta del pie en el suelo. Ponga las manos en el suelo, por detrás del tronco, para apoyar la espalda y tense los abdominales. Compruebe que la columna esté estirada y el pecho erguido.

Coloque las piernas de manera que el abdomen encaje en el espacio intermedio

Las rodillas y los dedos de los pies apuntan hacia arriba

2

Acerque las manos a los riñones y tense los abdominales. Siéntese apoyando bien el peso del cuerpo en las manos y estire la columna. A continuación, realice el estiramiento con suavidad; debe notarlo en la parte posterior del muslo derecho. Si no siente nada, inclínese hacia delante a la altura de la cadera, comprobando que ha estirado la columna y ha sacado pecho. Mantenga los dedos del pie derecho flexionados y la rodilla apuntando hacia arriba. Aguante la posición como se indica más arriba y repita el ejercicio con la pierna izquierda.

Como apoyo, mantenga las manos en el suelo, por detrás del tronco

Otra posibilidad...

Si siente molestias en la pierna extendida o el estiramiento resulta doloroso, flexione ligeramente la rodilla. Seguirá notando un ligero estiramiento en la parte posterior del muslo.

estiramientos y relajación

SÓLO DURANTE EL PRIMER TRIMESTRE

estiramiento de tendones de la corva tumbada

Para estirar y alargar los músculos de la parte posterior de los muslos.

SUAVE   **MODERADO**   **INTENSO**

Todos los niveles: aguante la posición mientras cuenta hasta 10 con cada pierna

1

Túmbese boca arriba con las rodillas flexionadas y las plantas de los pies bien apoyadas en el suelo

PRECAUCIÓN

Si se marea o siente náuseas en cualquier fase del ejercicio, **debe** evitar todos los ejercicios que requieran estar tumbada boca arriba. Pruebe a realizar la versión sentada de este mismo ejercicio (véase pág. 57).

2

Tense los abdominales y, con suavidad, vaya levantando la pierna del suelo con la rodilla flexionada. A continuación, sujete la parte posterior del muslo con las dos manos.

3

Poco a poco vaya estirando la pierna izquierda hasta que note el estiramiento en la parte trasera del muslo. Si es preciso, deslice una mano hasta el músculo de la pantorrilla izquierda para sostener la parte baja de la pierna. Mantenga la posición como se indica más arriba y, después, vaya bajando la pierna al suelo con suavidad. Repita el ejercicio con la pierna derecha.

- Asegúrese de que los glúteos estén bien apoyados en el suelo
- No estire la punta del pie con brusquedad
- Si la pierna empieza a temblar, bájela y empiece otra vez el estiramiento más despacio
- Realice el estiramiento con suavidad, no haga movimientos bruscos con la pierna
- Relaje el tronco

estiramientos y relajación

estiramiento de aductores sentada

Para estirar y alargar la musculatura de la parte interna del muslo.

SUAVE   **MODERADO**   **INTENSO**

Mantenga la posición mientras cuenta hasta 10; si lo desea, repita el ejercicio

PRECAUCIÓN

Si nota dolor en la parte anterior de la pelvis, detenga el estiramiento de inmediato y elimínelo de su programa.

1

Siéntese en el suelo con las rodillas flexionadas y junte las plantas de los pies. Como apoyo, coloque las manos en el suelo, por detrás del tronco. Con la pelvis inclinada y la musculatura abdominal tensa, alargue la columna y siéntese erguida.

No bloquee los codos

2

Con el peso del cuerpo inclinado ligeramente hacia delante, acerque las manos a los riñones y, con suavidad, vaya deslizando los glúteos hacia los tobillos hasta que note un estiramiento en la parte interna de los muslos. Mantenga la columna estirada, los hombros relajados y los abdominales tensos. Aguante en esta posición tal y como se indica más arriba.

No se olvide de respirar en todo momento

Otra posibilidad...

Si le resulta incómodo estar con los brazos por detrás del tronco, sujétese los tobillos con las dos manos, verificando que la columna esté estirada. Se sentirá más cómoda si relaja el tronco hacia delante.

estiramientos y relajación

estiramiento de glúteos sentada

Para estirar y alargar las nalgas y la musculatura de la parte externa del muslo.

SUAVE   MODERADO   INTENSO

Todos los niveles: mantenga la posición mientras cuenta hasta 10 en cada lado

1

Siéntese en el suelo con las piernas estiradas y apoye las manos en el suelo por detrás del tronco. Flexione la pierna izquierda, cruce el pie izquierdo por encima de la pierna derecha y sitúelo sobre la rodilla derecha.

Los hombros relajados y el pecho erguido

No bloquee los codos

Verifique que el tobillo de la pierna cruzada se apoye en el muslo contrario

Otra posibilidad...

Si lo desea, colóquese en la posición de estiramiento de los aductores sentada (véase pág. 59), pero separe los talones del cuerpo y sujétese los tobillos con las manos. Tense los abdominales e inclínese hacia delante desde la cadera hasta que note un estiramiento.

Tense los abdominales

2

Con la pierna izquierda encima del muslo derecho, estire la columna y, con suavidad, flexione la rodilla derecha. Vaya deslizando el pie derecho hacia usted hasta que note un estiramiento en el muslo y la nalga derechos. Si no nota nada, acerque las manos a los riñones y permanezca erguida. Con los abdominales tensos, mantenga la posición como se indica más arriba y repita el ejercicio con la otra pierna.

estiramientos y relajación

estiramiento de pectorales sentada

Para estirar y alargar los músculos pectorales, lo que mejorará su postura.

SUAVE   **MODERADO**   **INTENSO**

Mantenga la posición mientras cuenta hasta 6; repita el ejercicio si lo desea.

1

Siéntese en el suelo, en una posición cómoda. Apoye las manos en los glúteos, tense la musculatura abdominal para elevar al feto y permanezca erguida.

Estire el cuello y mantenga la columna recta

Siéntese erguida con las manos en las nalgas

2

Estire la columna, mantenga el pecho erguido y, despacio, eche los hombros hacia atrás y vaya juntando los omoplatos. Mantenga la posición como se indica más arriba. Ha de notar el estiramiento en todo el pecho y en la parte anterior de los hombros. Compruebe que sigue respirando.

Tense los abdominales para impedir que la espalda se arquee en exceso

Otra posibilidad...

Tal vez prefiera realizar este estiramiento de pie (véase pág. 19). Si es así, colóquese con las piernas separadas en línea con la cadera y apoye las manos en las nalgas. Poco a poco, vaya echando los hombros hacia atrás (como ya se ha descrito), con la pelvis inclinada y los abdominales tensos para proteger la espalda.

Asegúrese de que las nalgas están bien apoyadas en el suelo

estiramientos y relajación

*e*stiramiento de tríceps sentada

Para estirar y alargar los músculos posteriores de la parte superior de los brazos.

SUAVE **MODERADO** **INTENSO**

Aguante en esta posición mientras cuenta hasta 8 con cada brazo

1
Sentada en una postura cómoda, tense los músculos abdominales y manténgase erguida. Levante el brazo derecho, como si señalara hacia el techo, y doble el codo de modo que los dedos queden entre los omoplatos, apuntando hacia abajo.

Recuerde...

◂◂ Mientras hace el ejercicio, debe procurar no arquear la espalda en exceso. Para conseguirlo, compruebe que los músculos abdominales siguen tensos y la pelvis está inclinada en todo momento. Continúe con la cabeza levantada, la columna estirada y en línea con el cuello, y siéntese erguida.

Si la espalda empieza a inclinarse demasiado o si nota molestias al hacer el estiramiento, sujétese la parte superior del brazo con la mano contraria por delante del tronco. Si lo prefiere, también puede realizar este estiramiento de pie (véase pág. 16). ▸▸

El codo debe permanecer levantado

Incline la pelvis para garantizar que se sienta con el cuerpo erguido

Relaje los hombros, sin subirlos

2
Agárrese el codo derecho con la mano izquierda y empújelo con suavidad por detrás de la cabeza. Incline de nuevo la pelvis y note el estiramiento en la musculatura posterior del brazo derecho. Mantenga la posición el tiempo recomendado; a continuación, repita el ejercicio con el otro brazo.

estiramientos y relajación

estiramiento lateral sentada

Para estirar y alargar el músculo gran dorsal y los músculos oblicuos.

SUAVE MODERADO INTENSO

Todos los niveles: Mantenga la posición mientras cuenta hasta 6 en cada lado; repita el ejercicio si lo desea

1

Sentada en una postura cómoda, incline la pelvis y póngase erguida. Levante el brazo derecho, como si apuntara al techo, y estire la columna. Como apoyo adicional, coloque la mano izquierda en el suelo.

Recuerde...

Para no arquear su espalda, coloque el brazo ligeramente por delante del tronco. Si siente molestias en el abdomen, no se incline demasiado. Si lo prefiere, puede hacer este ejercicio de pie (véase pág. 15).

Levante el brazo apuntando al techo

No fuerce el codo y relaje el brazo

2

Poco a poco, vaya inclinándose hacia la izquierda, con las nalgas pegadas al suelo, y levante bien el brazo por encima de la cabeza. Tense los abdominales e incline la pelvis. Mantenga la posición el tiempo recomendado y repita el ejercicio con el otro brazo.

Estire bien el brazo

Note el estiramiento en toda la parte lateral del tronco

Baje los hombros con firmeza

Tense los abdominales

Separe más la mano hacia un lado mientras se inclina

estiramientos y relajación

relajación

sentada en el suelo con cojines

SUAVE **MODERADO** **INTENSO**

*De 5 a 20 minutos de duración
(incluida la salida del estado de relajación)*

Relajarse tras las fases más intensas del programa de gimnasia reduce el cansancio, alivia la tensión muscular y calma la mente. También puede serle útil para controlar el dolor en el momento del parto. Al hacer estos ejercicios, asegúrese de que todas las articulaciones tengan buenos apoyos y de que esté en una postura cómoda.

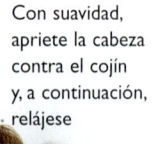

Apóyese en dos cojines para sostener la espalda

Compruebe que las rodillas estén ligeramente flexionadas

1

Siéntese en el suelo, con la espalda apoyada en la pared y las piernas estiradas hacia delante. Como apoyo, colóquese un cojín bajo las rodillas, otro detrás de la cabeza y otro en la parte baja de la espalda. Modifique la posición hasta que esté muy cómoda y bien apoyada en los cojines.

Con suavidad, apriete la cabeza contra el cojín y, a continuación, relájese

2

Baje los hombros y separe los codos del cuerpo; a continuación, deje de separarlos. Abra las manos y estire los dedos; a continuación, deje de estirarlos. Flexione los pies; a continuación, relájelos. Separe los dientes y destense la mandíbula. Elimine la tensión de la frente y cierre los ojos. Respire con suavidad y note cómo, poco a poco, va hundiéndose en los cojines. Concéntrese en alguna imagen que la tranquilice. Permanezca de esta manera el mayor tiempo posible y, después, ejecute el ejercicio para salir del estado de relajación (véase pág. 66).

No impida que los pies y los tobillos miren hacia fuera

Relaje las piernas desde la cadera

estiramientos y relajación

Otras posiciones de relajación

sentada en un sillón

1

Siéntese en un sillón cómodo y coloque los pies en un cojín grande. Como apoyo, póngase un cojín detrás de los riñones y otro detrás de la cabeza. Apóyese en los brazos del sillón y eche la cabeza hacia atrás reclinándola en el cojín.

2

Baje los hombros y separe los codos del sillón; a continuación, deje de separarlos. Abra las manos y estire los dedos; deje de hacerlo. Si le apetece, separe las piernas. Flexione los pies; a continuación, deje de flexionarlos. Separe los dientes y destense la mandíbula. Elimine la tensión de la frente y cierre los ojos. Respire con suavidad y sienta como su cuerpo se va hundiendo en los puntos de apoyo al espirar. Piense en algo tranquilizador.

tumbada con una rodilla flexionada

1

Túmbese en el suelo de costado, con la pierna de arriba flexionada y la de abajo estirada. Coloque la rodilla y el muslo encima de uno o varios cojines grandes para reducir las molestias en la parte baja de la espalda. Doble los brazos por delante del cuerpo y colóquelos en el suelo. Apoye la cabeza en un cojín (y el abdomen en otro, si es preciso).

2

Baje el hombro de arriba y separe el codo del suelo; a continuación, deje de separarlo. Abra las manos y estire los dedos; deje de hacerlo. Flexione los pies y, a continuación, relájelos. Separe los dientes y destense la mandíbula. Elimine la tensión de la frente y cierre los ojos. Respire con suavidad y note cómo, en cada espiración, va hundiéndose en los puntos de apoyo. Concéntrese en algo tranquilizador.

tumbada con las dos rodillas flexionadas

1

Túmbese en el suelo de costado, con las dos rodillas flexionadas hacia delante, una encima de la otra, y la espalda ligeramente curvada. Como apoyo, flexione los brazos y colóquelos por delante del tronco. Colóquese un cojín en la cabeza y otro entre las rodillas. Relaje el abdomen y compruebe que el peso del cuerpo esté ligeramente inclinado hacia delante.

2

Baje el hombro de arriba y separe el codo del suelo; a continuación, vuelva a apoyarlo en el suelo. Abra las manos y estire los dedos; deje de hacerlo. Flexione los pies y, a continuación, relájelos. Separe los dientes y destense la mandíbula. Elimine la tensión en la frente y cierre los ojos. Respire con suavidad y note cómo, en cada espiración, va hundiéndose en los puntos de apoyo. Piense en algo tranquilizador. Permanezca en esta posición el mayor tiempo posible.

estiramientos y relajación

salir del estado de relajación

1
Permanezca en la postura de relajación por la que ha optado (véanse págs. 64-65) y lleve a cabo los ejercicios del suelo pélvico: una contracción lenta seguida de cuatro rápidas (véase pág. 43). Con suavidad, describa círculos con las muñecas y los tobillos lentamente. Procure no estirar los dedos de los pies, ya que esto podría provocar calambres en la musculatura de los pies y las pantorrillas. Ahora, estire los dedos de las manos y dóblelos.

Relaje los músculos abdominales

2
Estire el brazo de arriba por encima de la cabeza y relájelo. Estire la pierna de arriba separándola del cuerpo, sin forzar los dedos de los pies, y relájela también. Alargue el brazo y la pierna al mismo tiempo, y relájese de nuevo (si está sentada, repita los estiramientos en cada lado).

Relaje la pierna

3
Cuando esté preparada para levantarse, apoye las palmas de las dos manos en el suelo por delante del cuerpo y, con suavidad, tome impulso hacia arriba hasta ponerse de lado con las rodillas flexionadas. Despacio, siéntese con las rodillas y los pies juntos. Mantenga esta posición para ejecutar los ejercicios de recuperación de la movilidad (véanse las págs. 67-68) antes de levantarse del suelo poco a poco (véase pág. 69).

Baje los hombros y relájelos

PRECAUCIÓN

Tómese el tiempo suficiente para recuperarse y orientarse tras la relajación. No se levante con brusquedad, ya que podría provocarle sensación de mareo y desfallecimiento.

Compruebe que tiene los pies juntos

estiramientos y relajación

recuperación de la movilidad

movilidad de los tobillos

SUAVE **MODERADO** **INTENSO**

15-20 minutos de duración (incluido levantarse)

Tras la sesión de relajación, es importante concederle al cuerpo tiempo suficiente para espabilarse antes de levantarse del suelo. Este período de recuperación reduce el riesgo de mareos y luego se sentirá como nueva.

Estire el cuello y la columna

Asegúrese de que las rodillas estén relajadas

Tense los abdominales

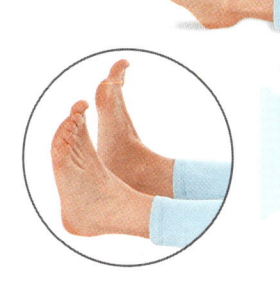

1
Siéntese con las piernas estiradas y apoye las manos en el suelo, por detrás del tronco. Flexione los pies, de modo que los dedos de los pies apunten al techo y los talones se separen de usted. Repita el ejercicio tres o cuatro veces.

2
Con suavidad, describa amplios círculos con los tobillos. No estire las puntas de los pies, ya que ello podría provocar calambres en la musculatura del pie y en la pantorrilla. Repita despacio el ejercicio tres o cuatro veces y cambie la dirección del círculo.

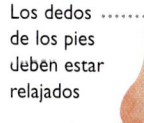

Saque pecho y relaje los hombros

Los dedos de los pies deben estar relajados

estiramientos y relajación

otros ejercicios para recuperar la movilidad

describir círculos con los hombros

movilidad del cuello

1 Siéntese en una postura cómoda con la pelvis inclinada y los abdominales tensos. Apoye las manos en las rodillas, baje los hombros y estire la columna.

2 Incline la cabeza lateralmente hacia el hombro izquierdo. No caiga en la tentación de levantar el hombro hacia la oreja. Deténgase unos momentos, recupere la posición de partida antes de repetir el ejercicio hacia el lado derecho.

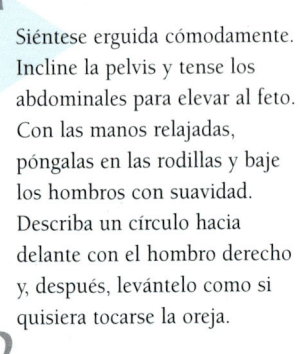

inclinación lateral

1 Siéntese erguida cómodamente. Incline la pelvis y tense los abdominales para elevar al feto. Con las manos relajadas, póngalas en las rodillas y baje los hombros con suavidad. Describa un círculo hacia delante con el hombro derecho y, después, levántelo como si quisiera tocarse la oreja.

2 Describa un amplio círculo de manera exagerada, echando el hombro hacia atrás y bajándolo de nuevo. Mantenga los abdominales tensos y el resto del cuerpo inmóvil. Describa ocho círculos con el hombro derecho y luego repita el ejercicio con el izquierdo.

1 Siéntese en una postura cómoda. Incline la pelvis, tense la musculatura abdominal para elevar al feto y manténgase erguida. Como apoyo, coloque la mano izquierda a un lado, en el suelo, y estire la mano derecha como si apuntara al techo manteniendo la columna estirada.

2 Lentamente, incline el tronco hacia la izquierda, con el brazo ligeramente hacia delante para evitar que la espalda se arquee. Note un estiramiento por todo el lateral derecho del cuerpo. Mantenga la posición y cuente hasta seis, baje el brazo y siéntese erguida antes de repetir el ejercicio con el brazo izquierdo.

estiramientos y relajación

levantarse del suelo

1 Permanezca en la posición inicial de los ejercicios para recuperar la movilidad: con la columna y el cuello en línea, apóyese en las manos y flexione las piernas doblando las rodillas.

Apoye bien las plantas de los pies en el suelo

2 Junte las rodillas y los pies, y apoye las manos en el suelo, a un lado del cuerpo. Con los codos relajados, vaya girando el cuerpo hacia un lado, de rodillas.

Verifique que las rodillas y los pies estén juntos

3 Con las rodillas y los pies juntos, siga girando el cuerpo hasta colocarse a cuatro patas. Separe las manos del suelo y, poco a poco, póngase de rodillas con la espalda recta, inclinando la pelvis mientras endereza el cuerpo.

Tense los abdominales para elevar al feto

No bloquee los codos

El cuello debe estar estirado y en línea con la columna

4 Levante una rodilla y apoye bien la planta del pie en el suelo, comprobando que la rodilla esté a la altura del tobillo. Apoye ambas manos en el muslo, tense los abdominales y los glúteos, y tome impulso para levantarse (no se apoye con demasiada fuerza en el muslo mientras se levanta, utilice las piernas para impulsarse hacia arriba). Incline la pelvis y permanezca erguida. A continuación, compruebe que su postura sea la correcta (véase pág. 2) antes de realizar los estiramientos.

estiramientos y relajación

estiramiento de pantorrillas

Para estirar, alargar la musculatura de la pantorrilla y evitar calambres.

SUAVE   **MODERADO**   **INTENSO**

Mantenga la posición mientras cuenta hasta 8 en cada lado

1 Colóquese de pie, con una silla a la izquierda, y apoye la mano izquierda en el respaldo para sostenerse mejor.

Tense los abdominales

Para sostenerse mejor, apoye la mano en el respaldo de una silla recia

Verifique que los pies estén bien apoyados en el suelo

2 Con los pies en línea con las caderas y los dedos de los pies apuntando hacia delante, dé un paso atrás con el pie derecho; relaje la rodilla derecha y estire la columna.

Mantenga la pelvis inclinada

3 Flexione la pierna izquierda y estire la derecha, «clavando» con suavidad el talón en el suelo. Desplace el peso del cuerpo hacia delante para que forme una línea diagonal desde la cabeza al talón. Incline de nuevo la pelvis y eleve al feto en su interior. Si no nota el estiramiento, retrase más el pie derecho. Aguante la posición como se indica más arriba y cambie de pierna.

Note el estiramiento en la parte gruesa de la pantorrilla

estiramientos y relajación

estiramiento de cuádriceps

Para estirar y alargar la musculatura anterior del muslo.

SUAVE   **MODERADO**   **INTENSO**

Mantenga la posición mientras cuenta hasta 8 en cada lado

Tense los abdominales

No bloquee las rodillas

1
Colóquese junto a una silla y apoye una mano en el respaldo para sostenerse mejor. Con los pies en línea con las caderas, desplace el peso del cuerpo a la pierna izquierda tomando impulso desde la cadera de apoyo. Incline la pelvis y permanezca erguida.

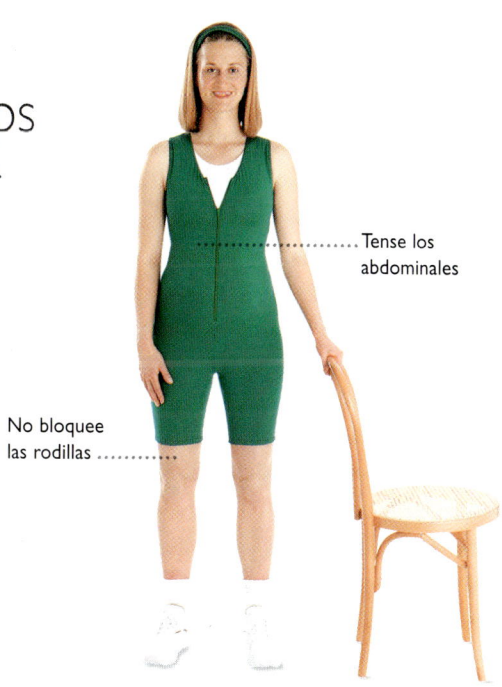

2
Con la pierna izquierda flexionada, levante la rodilla derecha por delante. A continuación, sujétela con la mano derecha.

3
Desplace hacia atrás la rodilla derecha hasta situarla en línea con la cadera y apóyese en la pierna izquierda. Incline la pelvis, tense los abdominales y alargue la columna. Si no nota un estiramiento en la parte anterior del muslo derecho, retrase un poco más la pierna con suavidad e incline de nuevo la pelvis. Aguante la posición como se indica más arriba y cambie de pierna.

No acerque demasiado la pierna a los glúteos

La rodilla levantada apunta hacia abajo y se mantiene junto a la otra rodilla

estiramientos y relajación

estiramiento de caderas

Para estirar y alargar los músculos flexores de la cadera (la musculatura anterior de la cadera), que suelen estar tensos durante el embarazo. Estirar estos músculos con regularidad le ayudará a mantener una buena inclinación pélvica.

SUAVE   **MODERADO**   **INTENSO**

Mantenga la posición mientras cuenta hasta 6 en cada lado

Tense los abdominales

1
Colóquese de pie, con una silla fuerte al lado izquierdo y apoye la mano en el respaldo para sostenerse mejor. Incline la pelvis y permanezca erguida.

2
Con los pies en línea con la cadera, dé un paso atrás con la pierna derecha, manteniendo los pies apuntando hacia delante, y levante el talón derecho. Estire la espalda, tense los abdominales para elevar al feto y cargue el peso del cuerpo en la parte central del tronco, entre los dos pies.

Tome impulso desde las caderas, para mantenerlas bien alineadas

3
Flexione las dos rodillas y realice una inclinación pélvica exagerada, levantando la parte anterior de las caderas y bajando los glúteos. Estire la columna y saque pecho. Tense los abdominales para asegurar el estiramiento, que debe notar en la parte anterior de la cadera derecha. Si no nota nada, incline de nuevo la pelvis y estire más la columna. Mantenga la posición siguiendo las indicaciones y, a continuación, repita el ejercicio con la pierna izquierda.

El peso del cuerpo está repartido entre los dos pies por igual

estiramientos y relajación

estiramiento hacia arriba

Para estirar el músculo gran dorsal y para finalizar la sesión con la espalda estirada y una postura perfecta.

SUAVE   **MODERADO**   **INTENSO**

Mantenga la posición mientras cuenta hasta 3 en cada lado

Recuerde...

Para impedir que la espalda se arquee, verifique que el brazo levantado esté ligeramente por delante del cuerpo y que el peso esté inclinado hacia delante. Esto es muy importante en el tercer trimestre. Echarse para atrás mientras realiza el ejercicio provocaría una tensión innecesaria en la parte baja de la espalda que podría conllevar dolor de espalda.

1

Colóquese de pie con los pies algo más separados que las caderas y ponga la mano derecha en la cintura. Tense los abdominales para elevar al feto y permanezca erguida.

·········· Incline la pelvis

Separe bastante los pies para obtener una base estable

2

Estire el brazo derecho hacia arriba, apuntando al techo, alargue la columna y estire el brazo todo lo alto que pueda. Incline el peso del cuerpo ligeramente hacia delante y tense los abdominales. Baje el brazo, relaje los hombros, sin subirlos, y permanezca erguida. Repita el ejercicio con el brazo izquierdo.

Compruebe que las rodillas estén relajadas ··············

Reparta el peso del cuerpo entre los dos pies por igual ········

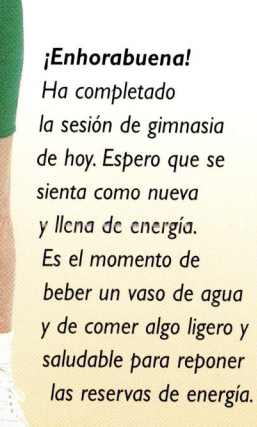

¡Enhorabuena!
Ha completado la sesión de gimnasia de hoy. Espero que se sienta como nueva y llena de energía. Es el momento de beber un vaso de agua y de comer algo ligero y saludable para reponer las reservas de energía.

ÍNDICE DE TÉRMINOS

Abdominales
(ejercicios)
elevación de cabeza
y hombros...45
encogimiento de los
abdominales...46,
47, 49
estiramiento
lateral...15, 63
flexión de
abdominales...48
inclinación de
pelvis tumbada...44
abdominales
(músculos)...xv
acaloramiento...xiv

Brazos (ejercicios)
estiramiento del
tríceps...16, 62
flexión de
bíceps...42
rotación de brazos...7
variaciones de
ejercicios de
brazos...24

Calentamiento...vii,
1-20
calzado...xiv, xxii
cansancio, xix, xx, xxi
comida...xx, xxi
consejos de
seguridad...xxi
contracciones de
Braxton-Hicks...xxi

Dedos dormidos...xiv
deshidratación...ix, xviii,
xxii
dolor pélvico...xxi

Ejercicio
intensidad...vi, viii
técnicas...xx
y equipo
deportivo...xxi
ejercicio de alto
impacto...xiv, xix, xx

ejercicios aeróbicos...
viii-ix, 21-35
ejercicios del suelo
pélvico...xii, xvi, 43
ejercicios sentada...xii,
57, 59-63
encontrar tiempo...xii
estiramientos y
relajación...xi, 56-73
estrógenos...ix, xviii, xxi

Fortalecimiento
y tonificación...x,
36-55

Hemorragias...xxi
hombros (ejercicios)
ejercicio de omoplatos
elevación de
hombros...51
rotación de
hombros...3
hormonas...xiv

Inclinación pélvica...xvii,
2
incontinencia
de esfuerzo...xvi
índice de Borg...vi, viii

Mareo...ix, x, xiv, xx,
xxi
miniprogramas...xiii
música...xxii

Natación...xii
náuseas...xviii, xx
niveles de forma...vi,
xviii

Pautas...xx
pecho (ejercicios)
estiramiento de
pectorales...19, 61
extensión de los
pectorales boca
arriba...53
flexiones a gatas...50
sacar pecho...6

pesas...x, xxii, 42, 51
piernas (ejercicios)
elevación de
pantorrillas...41
elevación de
rodillas...5, 27
elevación de los
glúteos de pie...37
elevación del muslo
externo...54
elevación del muslo
interno...55
estiramiento de
caderas...17, 72
estiramiento de
pantorrillas...13, 71
estiramiento de
aductores...18, 59
estiramiento de
glúteos...60
estiramiento de
tendones de
corva...57, 58
estiramiento del
cuádriceps...14, 70
extensión de
piernas...40
flexión de las
rodillas...4, 28
flexión de los
tendones de la
corva...38
flexiones con
piernas separadas...39

movilidad de pies...11
movilidad de
tobillos...10
postura...xvii, 2
progesterona...xiv
programa
cardiovascular...xiii
protección
de la espalda...xvii
prueba del habla...vi, viii

Recuperación de la
movilidad, 67-69
relajación...xi, 64-66
relaxina, xiv, xv, xvi
respiración...viii, xx
retención de
líquidos...xiv

Sujetadores...xviii, xxii,
xviii

Tabla
para la parte inferior
del cuerpo...xiii
para la parte superior
del cuerpo...xiii
revitalizante...xiii
suave...xiii
tobillos
hinchados...xiv, xxi
trimestres...xviii, xix

Vestuario...xxii

AGRADECIMIENTOS

La editorial desea dar las gracias al profesor Jim Clapp por revisar el manuscrito; a las agencias Pregnant Pause y Bubblegum; y a Fit for 2, por proporcionar el vestuario.

Créditos gráficos pág. viii y pág. xvii Pictor International Ltd.